PRIMÍCIAS DO

Jardim de Deus

VERONICA PRATES

FORMAÇÃO DE PAIS E LÍDERES DE CRIANÇAS E ADOLESCENTES

PRIMÍCIAS DO JARDIM DE DEUS
1ª edição: 2020
Verônica Prates

Edição e Revisão Final: Suellen Duarte Costa
Coordenação Editorial: Nilce Sousa
Capa, Diagramação e Projeto Gráfico: Marcus Vinicius P. de A. Goes

Organização: Cevi Produções / CNPJ 07.856.521/0001-94
ceviproducoes@gmail.com

P912p Prates, Verônica
      Primícias do jardim de Deus : eles sempre estão nos cultos, mas passam despercebidos = Primicias del jardin de Dios : Ellos siempre están en las iglesias, pero suelen pasar desapercibidos / Verônica Prates. – 1. ed. – Caldas Novas-GO : CEVI, 2020.
      133p. , 21 cm

      ISBN: 978-65-5642-009-7

      1. Obras da igreja junto a juventude. 2. Cristianismo. 3. Crianças – formação. 4. Educação infantil – Aspectos religiosos. 5. Treinamento. I. Título. II. Título: Primicias del jardin de Dios : Ellos siempre están en las iglesias, pero suelen pasar desapercibidos.

                                                          CDU: 248

Catalogação na publicação por: Onélia Silva Guimarães CRB-14/071

Email: Veronica.prates23@gmail.com
Twiter: Prates Oliveira
Instagran: Veronica.prates23
Facebook: Veronica Oliveira Prates

PRIMÍCIAS DO

Jardim de Deus

Eles sempre estão nos cultos, mas passam despercebidos

VERONICA PRATES

ORMAÇÃO DE PAIS E LÍDERES DE CRIANÇAS E ADOLESCENTES

Biografia

Verônica Prates nasceu na cidade do Recife - PE, é pedagoga e pós-graduada em Psicopedagogia, cursando Mestrado. Foi missionária em Moçambique e atualmente faz a obra missionária na Argentina com sua família.

Dedicatória

Este livro é dedicado às pessoas que me incentivaram, animando-me a colocar de forma escrita alguns conceitos e experiências que Deus me concedeu atuando no ministério, onde pude ter o privilégio de trabalhar na sua obra com departamento Infantil na igreja.

Primeiramente dedico esse trabalho ao meu esposo e Pastor Robson Prates e as minhas filhas Nathalia e Naely Prates, também à minha querida mãe que sempre acreditou no meu chamado para fazer a obra do Senhor, assim como meus irmãos e amigos que sempre creram no meu potencial.

Agradeço também a igreja de Campinas na pessoa do pastor Paulo Freire, que sempre tem orando e cuidado de minha família na obra missionaria, obrigada por suas orações e apoio nesta obra.

Prefácio

"Eles sempre estão no culto,

mas nem sempre são percebidas"

As crianças são muito importantes para nós e para a igreja, elas não serão a igreja de amanhã, mas são a igreja de hoje e devem ser observadas e ensinadas a servir e amar a Deus de todo o coração. Provérbios 22:6 diz "Educa a criança no caminho em que deve andar; e até quando envelhecer não se desviará dele".

O livro "Primícias do Jardim de Deus" é fantástico e vai mostrar a importância da criança na igreja e também em nossa casa. A escritora Veronica Prates, com mais de 25 anos trabalhando com crianças e adolescentes no Brasil e Moçambique, possui um conceito claro e direcionado por Deus com respeito ao serviço e adoração que eles devem demonstrar no Reino de Deus. Atualmente Veronica serve a Deus como missionária na Argentina onde também administra o departamento Infantil e ministra curso de formação de professores que trabalham no departamento Infanto-juvenil.

Tem sido muito agradável observá-la trabalhando até tarde na produção desta obra. O sonho de editar este livro leva mais de 20 anos e ela nunca desistiu, porém agora Deus lhe concedeu a oportunidade de concluir esta obra, muitos foram os obstáculos, mas sua confiança em Deus e a persistência fizeram com que o Deus do Impossível trabalhasse a seu favor. A Ele a glória para sempre.

Minha oração é para que através desta obra, muitas vidas sejam orientadas e edificadas na realização de sua família e ministério.

Robson Prates

Sumário

Introdução

Depois de alguns anos trabalhando na obra do Senhor, obedecendo ao chamado de Deus em minha vida, Ele concedeu-me a oportunidade de escrever este livro. O faço porque tenho observado, trabalhando junto ao departamento infantil, a importância da estruturação aprimorada da igreja com relação à criança.

Em primeiro lugar, precisamos ter em mente que as crianças, conforme nos ensinam as Escrituras, precisam ser instruídas nos caminhos do Senhor: *"Ensina a criança no caminho em que deve andar, e, até quando envelhecer, não se desviará dele"*(Provérbios 22:06), e que também são amadas e importantes para Ele, a ponto de o nosso Senhor referir-se a elas como exemplo de integridade espiritual e simplicidade.

"Naquela mesma hora, chegaram os discípulos ao pé de Jesus, dizendo: Quem é o maior no Reino dos céus? E Jesus, chamando uma criança, a pôs no meio deles e disse: Em verdade vos digo que, se não vos converterdes e não vos fizerdes como crianças, de modo algum entrareis no Reino dos céus. Portanto, aquele que se tornar humilde como esta criança, esse é o maior no Reino dos céus. E qualquer que receber em meu nome uma criança tal como esta a mim me recebe".

Mateus 18:1-5

Em uma outra ocasião observamos que várias crianças queriam se aproximar de Jesus, mas os próprios discípulos as estavam impedindo, o que fez com que fossem severamente advertidos. Veja:

E traziam-lhe crianças para que lhes tocasse, mas os discípulos repreendiam aos que lhas traziam. Jesus, porém, vendo isso, indignou-se e disse-lhes: Deixai vir os pequeninos a mim e não os impeçais, porque dos tais é o Reino de Deus. Em verdade vos digo que qualquer que não receber o Reino de Deus como uma criança de maneira nenhuma entrará nele. E, tomando-as nos seus braços e impondo-lhes as mãos, as abençoou.

Marcos 10:13-16

Vemos no texto acima como é importante que a igreja junto a seus líderes não faça o papel dos discípulos impedindo que as crianças se aproximem de Jesus. Elas também fazem parte da igreja de Deus e são o futuro dessa mesma igreja, e nós adultos o que estamos fazendo para apoiá-las? O que temos feito para aproximá-las do mestre?

Não basta ter carinho ou cuidado com a criança, devemos reservar-lhes um lugar especial na igreja de Cristo aqui na terra, um lugar em que tanto as crianças como os adolescentes não sejam apenas expectadores do culto a Deus, mas participantes ativos na Obra do Senhor, aprendendo a louvá-lo e cooperando na evangelização de pecadores, pois Deus também as tem chamado para trabalhar para Ele nessa grande Seara:

"E dizia-lhes: Grande é, em verdade, a seara, mas os obreiros são poucos; rogai, pois, ao Senhor da seara que envie obreiros para a sua seara".

Lucas 10:2

Vemos que muitos dos grandes pregadores que a história da igreja apresenta foram chamados ainda crianças e foram criados na admoestação do Senhor. Veja o exemplo de Timóteo, a quem o Apóstolo Paulo chama de verdadeiro filho na fé:

"Trazendo à memória a fé não fingida que em ti há, a qual habitou primeiro em tua avó Loide e em tua mãe Eunice, e estou certo de que também habita em ti".

2 Timóteo 1:5

Muitos desses homens de Deus que fizeram história começaram nos bancos das igrejas participando da Escola Bíblica Dominical, ouvindo a Palavra em seus lares e sendo instruídos no caminho da justiça na infância, e como isso fez a diferença em sua vida adulta.

A relação igreja e criança é imprescindível e poderosa na expansão do Reino Deus, se bem estruturada e apoiada espiritualmente veremos a maravilha de Deus revelada na vida de ambas. Ao passo que, se formos negligentes e não dermos importância ou oportunidades para nossos pequenos, veremos a ruína dos talentos que poderiam ser usados por Deus.

A Bíblia traz vários exemplos de pessoas chamadas ainda na infância, Samuel é um dos mais importantes. Em um tempo onde os sacerdotes estavam corrompidos foi a uma criança que Deus se revelou e descortinou seus propósitos para toda uma nação.

Essa pode ser uma realidade para os nossos dias, basta que haja alguém disposto a guiá-los para serem cumpridores de uma grande obra. Lembre-se, sempre que toda criança que nasce pertence ao Senhor:

Eis que os filhos são herança do SENHOR, e o fruto do ventre, o seu galardão. Como flechas na mão do valente, assim são os filhos da mocidade. Bem-a-

venturado o homem que enche deles a sua aljava; não serão confundidos, quando falarem com os seus inimigos à porta".

Salmos 127:3-5

CAPÍTULO 1

Tudo começa no lar

"Porque ele será como arvore plantado junto às águas, que estende as suas raízes para o ribeiro e não receia quando vem o calor, mas a sua folha fica verde; e, no ano da sequidão, não se fadiga nem deixa de dar fruto".

Jeremias 17:8

Quero começar este capítulo escrevendo sobre a importância do culto nos lares e para isso falarei um pouco do meu próprio testemunho a esse respeito, de como o culto no lar fez a diferença em minha vida e na vida de meus nove irmãos, mas antes gostaria de dedicar algumas linhas a um ensinamento do Senhor em sua Palavra.

O parapeito espiritual

"Quando edificares uma casa nova, farás no telhado um parapeito, para que não ponhas culpa de sangue na tua casa, se alguém de alguma maneira cair dela".

Deuteronômio 22:8

A Bíblia relata no versículo que lemos que Moisés orientou o povo a fazer um parapeito no telhado de suas casas para que ninguém caísse e morresse. Nesta época os telhados das casas serviam como terraço, era um espaço onde as famílias se reuniam em comunhão e para a segurança, especialmente dos menores, era indispensável que os donos da casa fizessem essa proteção.

Essa é uma indicação natural que pode ser plenamente aplicada ao espiritual. Nós pais precisamos urgentemente construir esse parapeito espiritual em nossas casas, uma proteção aos nossos filhos e é aí que entram práticas como o culto doméstico. Este é um hábito que além de unir a família, funciona como uma proteção que ajudará a criança a crescer com temor e respeito à Palavra de Deus.

A Palavra do Senhor é uma fonte de vida e é ela que ajudará a criança a crescer na graça e no conhecimento, e ainda que cheguem as lutas da adolescência e as adversidades e desafios da vida adulta, a criança instruída em casa não deixará o caminho do Senhor porque suas raízes foram regadas com a Palavra de Deus e a oração de seus pais.

Uma vida de devoção

Meu pai sempre tinha a preocupação de antes de sair para seu trabalho reunir a todos seus filhos e fazer o culto doméstico. Líamos a Bíblia, cantávamos hinos da harpa cristã e logo meu pai pedia para que lêssemos um capítulo. Ali sentíamos a presença de Deus em nossas vidas.

Hoje me recordo de quão importante foi esse fundamento lançado em meu coração, percebo que esta dedicação dos meus pais teve um resultado maravilhoso. Hoje todos seus nove filhos estão casados e servindo ao Senhor.

O problema é que o corre-corre da vida tem causado um efeito negativo para muitas famílias, isto porque no presente século estamos vivendo em meio a tecnologia mais avançada que nunca e os pais saem para seus trabalhos, voltam para suas casas cansados e desanimados passando mais tempo nos celulares e na televisão; e assim não tem ânimo para orar e ler a Palavra de Deus com sua família.

Nesse ritmo seus filhos vão crescendo sem a proteção do parapeito e sofrem quedas seríssimas ao longo da vida, os que pela misericórdia do Senhor permanecem em seus caminhos, precisam lidar com uma série de desarranjos emocionais e até espirituais por não haverem sido cuidados e protegidos por seus pais.

Igreja, a soma de famílias

A igreja do Senhor nada mais e do que uma soma de famílias, que fazem parte da sociedade. Foram meus pais que nos ajudaram a ter reverência à Palavra e respeitar a Casa do Senhor, pois com a prática do culto em família já havíamos adquirido esse amor pelas coisas de Deus.

Se andarmos na luz seremos salvos, Deus por meio da sua Palavra nos dá esta segurança. A Palavra tem poder para convencer o homem dos seus pecados, fazendo com que se torne uma nova criatura. Esta salvação também é para as crianças e adolescentes, por quem Jesus derramou seu sangue.

Não podemos perder de vista que Deus tem um proposito na vida dos nossos filhos e basta a nós como pais organizarmos nosso tempo para dar atenção maior na construção deste parapeito espiritual, para que haja salvação em nosso lar.

Hoje em dia, muitas professoras de Escola Dominical têm enfrentado obstáculos com as crianças porque elas são criadas mimadas e não respeitam a Casa de Deus e muito menos a professora. Elas não aceitam as regras e querem fazer o mesmo que fazem em suas casas.

Vejo muitos adolescentes que não tem compromisso com a Palavra de Deus fazendo pouco caso do que é falado, sendo ignorantes e orgulhosos. E o mais triste de tudo isso é que quando a professora ou o pastor chama a atenção desses meninos e meninas eles se sentem ofendidos e falam para os pais, que por sua vez, não construíram o parapeito no terraço de suas casas espirituais e apoiam o erro de seus filhos.

Os pais que atuam dessa maneira pensam que agindo assim serão amados e respeitados por seus filhos, mas acontece justamente o contrário, pois o amor abarca afeto e aceitação, mas também passa pela imposição de limites e regras. Aquele que deixa de corrigir os erros de seus filhos não os está amando verdadeiramente:

> *"Porque o Senhor repreende aquele a quem ama, assim como o pai, ao filho quem quer bem".*
>
> *Provérbios 3:12*

Saibam que também apresentaremos os filhos ao Senhor naquele grande dia. Porque como a Palavra de Deus ensina eles são "Herança do Senhor" (Salmos 127) e antes de serem nossos eles pertencem a Deus, cabe-nos ensiná-los no temor do Senhor, para que quando cresçam não se esqueçam da sua lei.

> *"Filho meu, não te esqueças da minha lei, e o teu coração guarde os meus mandamentos. Porque eles aumentarão os teus dias e te acrescentarão anos de vida e paz".*
>
> *Provérbios 3:1-2*

O seio de formação do caráter

A família, sem dúvida, é a parte primordial do indivíduo, é nossa principal fonte de formação e informação nos primeiros anos de nossas vidas. É na família e onde tudo começa, onde se forma nosso mundo interior, é o experimento da vida e da construção do ser, é o palco do sucesso ou do fracasso, é o começo do caminho e base de entendimento de princípios.

O lar é o começo de tudo inclusive o começo da igreja. É dentro do lar que a criança terá oportunidades de crescer academicamente e espiritualmente. Por isso, aqueles a quem o Senhor concedeu a graça de serem pais devem buscar Nele toda a sabedoria necessária para criar a seus filhos. Pois a própria Bíblia nos mostra que houve aqueles que foram grandes homens usados por Deus, mas que se precipitaram na criação de seus filhos.

O fracasso de Eli

Você já leu a história do Sacerdote Eli? Mesmo vendo seus filhos não respeitarem a casa do Senhor e sendo irreverentes no momento do sacrifício, não agiu como deveria. Eli foi um pai negligente, pois não repreendia a atitude errada de seus filhos, não os educou como era seu dever e sua irresponsabilidade teve um preço de morte. Veja você mesmo o que lhe sucedeu:

"Então, correu da batalha um homem de Benjamim, e chegou no mesmo dia a Siló, e trazia as vestes rotas e terra sobre a cabeça. E, chegando ele, eis que Eli estava assentado sobre uma cadeira, vigiando ao pé do caminho; porquanto o seu coração estava tremendo pela arca de Deus; entrando, pois, aquele homem a anunciar isso na cidade, toda a cidade gritou. E Eli, ouvindo a voz do grito, disse: Que voz de alvoroço é esta? Então, chegou aquele homem a grande pressa, e veio, e o anunciou a Eli. E era Eli da idade de noventa e oito anos; e estavam os seus olhos tão escurecidos, que já não podia ver. E disse aquele homem a Eli: Eu sou o que venho da batalha, porque eu fugi, hoje, da batalha. E disse ele: Que coisa sucedeu, filho meu? Então, respondeu o que trazia as novas e disse: Israel fugiu de diante dos filisteus, e houve também grande destroço entre o povo; e, além disso, também teus dois filhos, Hofni e Fineias, morreram, e a arca de Deus é tomada. E sucedeu que, fazendo ele menção da arca de Deus, Eli caiu da cadeira para trás, da banda da porta, e quebrou-se-lhe o pescoço, e morreu, porquanto o homem era velho e pesado; e tinha ele julgado a Israel quarenta anos. E, estando sua nora, a

mulher de Fineias, grávida, e próxima ao parto, e ouvindo estas novas, de que a arca de Deus era tomada e de que seu sogro e seu marido morreram, encurvou-se e deu à luz; porquanto as dores lhe sobrevieram. E, ao tempo em que ia morrendo, disseram as mulheres que estavam com ela: Não temas, pois tiveste um filho. Ela, porém, não respondeu, nem fez caso disso. Mas chamou ao menino Icabô, dizendo: Foi-se a glória de Israel, porquanto a arca de Deus foi levada presa e por causa de seu sogro e de seu marido. E disse mais: De Israel a glória é levada presa, pois é tomada a arca de Deus".

1 Samuel 4:11-22

O fracasso de um pai em instruir seus filhos levou a ruína não só sua família como toda a nação. A história desse homem é um grande alerta para nós, pois não podemos permitir que o inimigo roube do coração dos nossos filhos a dignidade e respeito a Deus. Precisamos ensiná-los a escutar a voz de Deus e, sobretudo dar-lhes o exemplo, lutando por nossas famílias e fazendo tudo o que está ao nosso alcance para que eles, assim como nós, amem ao Senhor sobre todas as coisas.

A ausência de Davi

Davi foi um homem valente, lutou contra um gigante, venceu batalhas e guerras, era um homem que estava presente na frente de batalha, no entanto era ausente na educação de seus filhos. Quantas lágrimas Davi poderia ter evitado se separasse um momento para estar presente na vida de seus filhos.

Muitos hoje já não se comunicam com sua família, não tem mais tempo para ouvir o que os filhos têm a dizer, não os ajudam a vencerem os gigantes da vida, e os perdem por tão pouco. Saiba que uns poucos minutos separados para a família fará grandes diferença para o futuro dos filhos.

Não há nada mais importante que a presença de Jesus na família. Dedicar dez minutos, que seja para realizar um culto doméstico marcará a vida da criança, pois ela crescerá conhecendo o caminho da salvação. Não se esqueça de que a igreja começa no lar, nosso culto racional deve ser preparado em nossa casa primeiro, para depois chegarmos na casa do Senhor e oferecermos o culto a Ele.

Não permita que nenhuma mágoa, ódio, cicatriz ou desilusão invada sua família, seu lar, deixe que a presença de Jesus esteja sempre em sua casa e em sua família. Coloque Jesus como hóspede principal e honre sua presença em seu lar e e verá como tudo sairá bem.

CAPÍTULO 2

O desenvolvimento da criança

Compreender as crianças não é uma tarefa fácil e requer paciência, entendimento e amor dos pais, professores ou quem quer que se dedique a cuidar delas e colaborar com seu crescimento. No entanto Jesus, o nosso mestre, nos ensina todo o tempo a sermos longânimes e, sobretudo atuamos em amor com nossos semelhantes.

Jesus era de tal modo movido pelo amor que muitas vezes não se importava se as perguntas que lhe faziam tinham como objetivo aproveitar-se dele ou provocá-lo, sempre havia paciência em suas palavras. Digo isso, pois muitas vezes somos intolerantes aos questionamentos infantis e endurecidos prejudicamos o desenvolvimento dos nossos filhos, alunos etc.

Geração Conectada

Outro ponto que precisamos levar em conta é que estamos vivendo em um tempo completamente diferente daquele no qual crescemos. A tecnologia faz parte do cotidiano e é natural que os conteúdos sejam mais acessíveis a todos, inclusive às crianças, mas isso não deve de forma alguma nos causar insegurança ou qualquer mau sentimento, antes deve ser um estímulo para a busca constante por aperfeiçoamento e criatividade.

Lembro muito bem nos anos 80 quando comecei a trabalhar com as crianças, que para contar uma história usávamos as lâminas, gravuras o que já era considerado muito moderno. Era algo lindo ver suas carinhas olhando admiradas aquelas figuras.

Mas, não demorou muito e as lâminas se tornaram obsoletas e começamos a usar o projetor de slide, o retroprojetor, fazendo com que a tecnologia começasse a aparecer nas igrejas e diante de nós se abrisse um leque de recursos para ensinar a Palavra de Deus.

O professor não pode parar no tempo, ele necessita se atualizar e também buscar ajudar seu aluno a ter acesso as coisas que já estão sendo esquecidas por muita gente, como os livros. Nesses anos tenho visto que muitas crianças e até mesmo alguns jovens e adultos não tem interesse em ler livros impressos, porque tudo se encontra mais fácil por conta da tecnologia.

Se formos observar a criança sabe manusear um celular, mais não sabe manusear a Bíblia que é a coisa mais importante para seu crescimento espiritual. Cabe ao professor e aos pais ajudá-la e incentivá-la a amar a Palavra de Deus. Isso poderia ser feito por meio de um aplicativo, por exemplo, mas aconselho que seja no papel, de forma que a criança aprenda a levar a Palavra de Deus tanto no coração como nas mãos.

Os pais e professores devem tentar fazer o melhor uso possível da tecnologia, sem, contudo, deixar de estimular a criatividade e conhecimentos não disponíveis nesse tipo de ferramenta. O mais importante é que não nos esquivemos pois também temos a nossa disposição um sem número de conteúdos e ideias para tornar a aprendizagem da criança mais lúdica e eficaz.

Dedique-se a ensinar seus filhos e alunos, não pense que são uma geração difícil, ore, busque alternativas e comece a ministrar ensinos profundos, práticos e vivenciais e verá resultados excelentes. Lembre-se que a improvisação pode ser uma excelente ferramenta, mas é indispensável que haja uma preparação prévia.

Uma percepção pedagógica

O professor cristão deve entender que não está para dar conhecimento apenas, mas para por meio do uso dos métodos adequados e a capacitação do Espírito Santo, criar as condições necessárias para que seus alunos aprendam a Palavra de Deus.

Na pedagogia veremos que há quatro pilares da educação: aprender a conhecer; aprender a fazer; aprender a viver e aprender a ser. De maneira mais singela podemos dizer que quando um indivíduo aprende a conhecer passará a adquirir competência necessária de compreensão, e com este conhecimento poderá colocar em prática o que foi ensinando.

A prática desses conhecimentos lhe dará a possibilidade de viver e conviver com outros compartilhando ideias e cooperando com o todo. Também faz parte desse processo o entendimento e a capacidade em lidar com diferentes circunstâncias da vida, sejam elas favoráveis ou adversas.

Ao observar os quatro pilares da educação, vemos que a educação secular tem sua perspectiva, assim como a educação cristã. Sabemos que existem sim muitas diferenças e enormes lacunas entre ambas, mas o que deve nos mover é o desejo de que a educação, seja ela a regular fornecida pela escola ou a trazida em uma classe bíblica, seja transformadora.

O conhecimento faz parte da aprendizagem, e como professores devemos ser realistas conosco mesmos e pensar como está o nosso nível de preparo e conhecimento para ministrar nossas aulas. É sempre bom observar os métodos de ensino que estamos utilizando no ensino bíblico, porque estamos formando discípulos e isso não pode ser feito de forma descompromissada.

É na escola dominical que a criança irá aprender a ter um caráter cristão e é muito importante que como discípulo o aluno desenvolva esta competência e viva na prática o que lhe foi ensinado. Passando a ter maturidade e adquirido seu próprio conhecimento a respeito da palavra transmitida pelo educador. Perceba que a Bíblia nos conclama a isso:

> *"Vinde, meninos, ouvi-me; eu vos ensinarei o temor do SENHOR."*
>
> *Salmos 34:11*

O tempo de aprendizagem

Cada fase da criança se relaciona a um diferente tempo de aprendizagem e memorização e para que se chegasse a essa conclusão muitos estudiosos se debruçaram para tentar entender o comportamento e desenvolvimento infantil e nesse sentido são unânimes em afirmar que para cada idade há um tempo para desenvolver a parte cognitiva e psíquica da criança.

Esse tipo de conhecimento não útil apenas ao professor regular, mas aos professores de escola bíblica e aos pais, que munidos desse entendimento saberão como estimular a criança em suas diversas fases. O estímulo correto é capaz de fazer com que as crianças possam adquirir e aprimorar diversas capacidades de âmbito cognitivo, motor, emocional e social.

Segundo Jean Piaget, os quatro estágios cognitivos do desenvolvimento infantil são:

Fase sensório-motora: compreende do nascimento até cerca de 2 anos.

Fase pré-operacional: abrange o período de 2 a 7 anos.

Estágio operacional concreto: engloba crianças de 7 a 11 anos.

Estágio operacional formal: se inicia por volta dos 11 anos ou mais.

Conhecer estes estágios nos capacitará a entender melhor nossos alunos e consequentemente vê-los sob uma ótica mais compreensiva, porque a criança também tem seu tempo para aprender. O aprendizado é um processo gradual, de modo que cada fase do desenvolvimento intelectual prepara o indivíduo para a próxima etapa.

O ponto de partida para o desenvolvido intelectual de uma pessoa é a posição egocêntrica, ou seja, a criança precisa ser capaz de distinguir sua existência no mundo. Partindo desse pressuposto, o professor selecionará sua aula e buscará conteúdos e métodos adequados para cada fase. O conhecimento evita muitos erros na hora de ensinar. Veja o que a Bíblia nos ensina:

> *"O meu povo foi destruído, porque lhe faltou o conhecimento; porque tu rejeitaste o conhecimento, também eu te rejeitarei, para que não sejas sacerdote diante de mim; visto que te esqueceste da lei do teu Deus, também eu me esquecerei de teus filhos".*
>
> *Oséias 4:6*

A Palavra de Deus nos diz que seu povo comete erros por faltar conhecimento e veja que naquele contexto não se estava falando de errar por não ter acesso, mas por "rejeitar" conhecer e isso é muito sério. Por isso é tão importante que todo professor tenha conhecimento da Palavra de Deus e também do processo de desenvolvimento da criança que pretende instruir.

Nesse assunto abarcamos aquela que será motivo de nossa fala no próximo capítulo: a Escola Dominical. Ela está inserida num amplo contexto educacional denominado Educação Cristã e atua como instrumento de formação e aperfeiçoamento do caráter da criança em desenvolvimento.

CAPÍTULO 3

A importância da escola dominical

"Porque o Senhor dá a sabedoria, e da sua boca vem o conhecimento e o entendimento".

Provérbios 2:6

Estamos diante de um dos trabalhos mais importante na igreja. Recordo-me que foi em uma EBD que minha irmã aceitou a Jesus e creio que é na Escola Dominical que a criança terá a oportunidade de aprender mais da Palavra de Deus e construir fundamentos sólidos sobre os quais pautará toda sua vida cristã.

Nossa responsabilidade como pais e professores é mostrar a todos sua importância e quais são os benefícios que ela traz para todos, especialmente às crianças e adolescentes. A Escola Dominical não é apenas um trabalho positivo, mas, sobretudo frutífero. Por meio dele podemos ensinar a criança e ao adolescente a respeito da salvação, da ética e seus valores.

Vivemos em uma época que os valores estão sendo esquecidos e se faz necessário que o professor esteja preparado para incutir no coração da criança e do adolescente que, apesar da sociedade decadente, a Palavra de Deus é imutável e fonte de toda vida e sabedoria. Essa é a verdadeira renovação da mente.

Com muita alegria lembro da minha professora de Escola Dominical, ela foi uma benção, pois via nela a dedicação e amor que sentia por todos nós quando chegávamos na classe. Uma pessoa que deixou seu exemplo. Sua alegria de ministrar cada aula era contagiante e sua criatividade estupenda.

Falo da minha professora com alegria ao ver sua dedicação e como transmitia este amor, que sei provinha de Deus para com seus alunos. Muitas crianças que participavam da escola dominical ainda nem sequer eram crentes, mas ela tinha a preocupação de transmitir a Jesus para elas de uma maneira tão singela que não tinha como não aceitar a Jesus como Salvador.

Sempre prontos

A salvação deve ser anunciada também na Escola Dominical e o professor deve estar preparado por meio da oração e jejum para dar sua aula. Por isso, digo aos professores que são muito importantes para seus alunos, que devem honrar este trabalho, pois é certo que Deus os honrará.

Há algo que está acontecendo hoje nas igrejas que me preocupa muito, pois vejo líderes para quem pouco importa quem são as pessoas que estão dando aula na Escola Dominical. Colocam pessoas despreparadas que não temem ao Senhor e nem a sua Palavra. São pessoas vazias, sem experiência com Deus, sem alegria, procurando apenas posições para se autofavorecer.

A maioria desses líderes não ora e não busca a Deus para colocar estas pessoas. Tenho escutado que muitas destas oportunidades ou posições dadas a essas pessoas, são para que fiquem firmes na igreja. É absurdo que o que mantenha alguém em uma igreja seja um cargo, que seja necessário ocupar uma posição de destaque para continuar "servindo a Deus".

A Escola Dominical não tem sido um trabalho muito considerado nas igrejas como já foi outrora. Muitos agora tiram férias da Escola Dominical, pois perderam seu compromisso e respeito pela a Palavra que é ensinada. Mas ela precisa urgentemente retomar seu lugar de honra, pois proporciona crescimento espiritual e por meio do ensino Deus pode revelar-nos seus preceitos e advertências como fazia com Adão, a quem se revelava diariamente na viração do dia. Veja:

> *"E ouviram a voz do S*ENHOR *Deus, que passeava no jardim pela viração do dia; e escondeu-se Adão e sua mulher da presença do S*ENHOR *Deus, entre as árvores do jardim. E chamou o S*ENHOR *Deus a Adão e disse-lhe: Onde estás? E ele disse: Ouvi a tua voz soar no jardim, e temi, porque estava nu, e escondi-me. E Deus disse: Quem te mostrou que estavas nu? Comeste tu da árvore de que te ordenei que não comesses?".*
>
> *Gênesis 3:8-11*

Aquele que não conhece a Palavra de Deus e dela não se alimenta, está sob o mesmo risco de Adão e sua mulher Eva, que foram enganados. Precisamos nos debruçar continuamente sobre os ensinos do Senhor para discernir os ataques do inimigo e ficarmos firmes em meio a tentação.

Aptos a Ensinar

Jesus foi o maior professor de todos os tempos, Ele usava vários métodos para ensinar o povo conforme a necessidade das pessoas naquela época. Sempre que Jesus tinha que ensinar sobre valores, falava por parábolas, que são narrativas imaginadas ou verdadeiras com objetivo de transmitir uma verdade.

Nosso Mestre usava palavras de fácil compreensão e era bastante ilustrativo no que dizia, pois no meio da multidão havia várias classes de pessoas, tantos cultas como as mais simples, e também o ouviam pessoas de diversas faixas etárias como crianças, adolescentes e jovens.

Vemos que Jesus ao ensinar buscava alcançar os corações das pessoas não apenas atrair suas mentes, mas tocá-las de forma profunda. Ele sabia como responder às dúvidas dos que lhe ouviam e satisfazer suas inquietações, um bom exemplo disso está descrito na explicação que faz da parábola do Semeador (Vide Mateus 13).

O bom professor também precisa ser apto para aplicar técnicas de maneira adequada, deve conhecer bem seus alunos e suas necessidades, e quando se trata de adolescentes o professor deve considerar as circunstâncias e peculiaridades dessa fase.

O adolescente, em especial, é analítico, crítico, dotado de capacidade intelectual, mas é também inseguro e gosta de competir, por isso é necessária muita paciência e sensibilidade ao ensiná-los. Essas características estão envolvidas com o compartilhar conhecimento, mas principalmente no alcance do objetivo principal que é levá-los a conhecer o amor de Deus e plano que Ele tem para a vida de cada um.

Peço a você, querido professor, que se debruce em meditar em Lucas 15 e verá o que o melhor e maior educador de todos nos deixou seu exemplo a ser seguido. Ore e peça ajuda ao Espírito Santo que com certeza estará trabalhando no coração do seu aluno enquanto você ensina.

Maturidade Espiritual

A Escola Dominical é ministrada com intuito de alcançar resultado prático. É ali que serão formadas pessoas capazes para fazer a Obra do Senhor Jesus. Por essa razão, ela necessita ser estratégica e promover ensino de qualidade para o novo convertido. Tudo o que for ensinado necessita almejar crescimento, desenvolvimento e amadurecimento espiritual para o cristão.

Além disso, é na Escola Dominical que se trabalha o tratamento do caráter, o desenvolvimento da fé dos salvos em Cristo e o despertamento da vocação dos chamados para ganhar almas para o Reino de Deus. Por isso, a família que quer ver seus filhos firmes no caminho do Senhor, precisa levá-los à Escola Dominical, pois só assim crescerão conhecendo a verdade da Palavra de Deus, em sabedoria e verdade.

Deixando de lado as desculpas

"Filho meu, guarda o mandamento de teu pai e não deixes a lei de tua mãe. Ata-os perpetuamente ao teu coração e pendura-os ao teu pescoço. Quando caminhares, isso te guiará; quando te deitares, te guardará; quando acordares, falará contigo. Porque o

mandamento é uma lâmpada, e a lei, uma luz, e as repreensões da correção são o caminho da vida".

Provérbios 6:20-23

Perceba que o primeiro versículo fala dos *"mandamentos do pai"* e *"ensinos da mãe"*. Isso nos mostra quão importante é que ensinemos nossos filhos, que sejamos os canais pelos quais eles aprendem os princípios da Palavra de Deus e que sejam por nós estimulados a participar de tudo que os conduza a conhecer mais de Deus.

Infelizmente o "ensinar" é uma responsabilidade que está sendo esquecidas por muitos pais. Já ouvi muitos dizerem que não mandam seus filhos para a Escola Dominical porque sentem pena de chamá-los para que se levantem cedo, porque a criança ou adolescente já o fazem durante toda a semana.

Essa justificativa não é suficiente, pois é um investimento que vale a pena, ensinar os filhos a guardar essa Palavra que é vida, fará com que cresçam e não se esqueçam do verdadeiro caminho que é Jesus. A Bíblia está repleta de ensinamentos de como devemos cuidar e direcionar nossos filhos.

Mas, infelizmente hoje temos visto muitas perdas na família, muitas lágrimas e tristeza, pois os cristãos têm perdido muitos de seus filhos para o mundo. Tudo por sermos orgulhos a ponto de não aceitar a ajuda de Deus através dos seus servos (pastores, líderes, professores) no cuidado e educação dos nossos filhos.

Ficamos fechados em nosso próprio orgulho dizendo que já sabemos e conhecemos tudo, quando na verdade estamos perdendo nossa família e não aceitando ajuda de ninguém. Jesus se importa com cada um de nós, e se importa tanto que orientou a seus servos no passado para reunir as crianças para que fossem ensinadas por sua Palavra.

No século passados homens e mulheres usados por Deus dedicaram suas vidas para o ensino desta Palavra, e por aceitarem o chamado de Deus em sua vida sofreram desprezo e perseguição. Apesar disso, essas pessoas prosseguiram em sua chamada e hoje graças ao nosso Deus temos os frutos de um dos trabalhos que tem feito à diferença nas igrejas: a Escola Bíblica Dominical.

Libertos da Ignorância

Mais em qualquer outra época, hoje é muito importante que como cristão, desejemos crescer no conhecimento bíblico para termos mais condições para enfrentar as adversidades e dificuldades que apareceram durante a caminhada, mas principalmente para enfrentar o pecado que tão de perto nos rodeia:

> *"Portanto, nós também, pois, que estamos rodeados de uma tão grande nuvem de testemunhas, deixemos todo embaraço e o pecado que tão de perto nos rodeia e corramos, com paciência, a carreira que nos está proposta".*
>
> *Hebreus 12:1*

O pecado está presente no mundo desde Adão, no entanto o que temos visto é o que está profetizado por Cristo para os últimos dias, o amor está se esfriando e a iniquidade tomando proporções inimagináveis. Precisamos urgentemente nos munir do conhecimento de Deus para vencer e ajudar nossos filhos a vencer tudo isso. Cristo já havia repreendido os fariseus que seus erros eram por falta de conhecimento:

> **"Jesus, porém, respondendo, disse-lhes:** Errais, não conhecendo as Escrituras, nem o poder de Deus".
>
> **Mateus 22:29**

Hoje, há muitos que estão indo por caminhos errados porque não tem conhecimento da Palavra, não estão diferentes dos fariseus. Não há mais espaço para preguiça espiritual, pois apenas o conhecimento da Verdade de Deus é capaz de libertar o homem do poder do pecado: *"Conhecereis a verdade, e a verdade vos libertará" (João 8:32).*

Tendo entendido isso, o digo que se disponha e seja um aluno da Escola Bíblica Dominical, que com certeza lhe trará muitos benefícios não só aqui, mas na vida futura que está em Cristo Jesus, nosso Senhor. Traga todos e participe e poderá colher por toda a vida os benefícios de uma família aos pés da Cruz.

CAPÍTULO 4

A criança pertence a Deus

"E o jovem Samuel servia ao Senhor..."

1 Samuel 3:1a

Ao ler a Bíblia fico encantada com os planos de Deus para a vida de cada pessoa, seja ela criança, jovem ou adulto. Certo é que cada um que nasce tem um propósito a cumprir. Se você tem qualquer dúvida sobre sua identidade o convido a ler o Salmo 139, eis aí uma pequena porção:

"Os teus olhos viram o meu corpo ainda informe, e no teu livro todas estas coisas foram escritas, as quais iam sendo dia a dia formadas, quando nem ainda uma delas havia."

Salmos 139:16

Também quando passeamos pelas Escrituras, desde o livro de Gênesis observamos a grandeza de Deus na vida se seus servos. Veja o exemplo de Abel, que com seu coração voltado ao Senhor ofereceu a melhor oferta. A oferta de Abel foi tão agradável olhos de Deus que é mencionada também pelo autor de Hebreus:

> ***"Pela fé, Abel ofereceu a Deus maior sacrifício do que Caim, pelo qual alcançou testemunho de que era justo, dando Deus testemunho dos seus dons, e, por ela, depois de morto, ainda fala".***
>
> ***Hebreus 11:4***

Abel prefigura um exemplo de fé e amor, de alguém que ofereceu a Deus o seu melhor e essa é uma realidade que precisa ser ensinada às nossas crianças. A criança necessita ser estimulada a dar seu melhor para Deus, dar a Ele todo seu ser ainda bem pequena, pois Deus tem prazer em revelar-se a eles na mais tenra idade.

A criança é uma herança e também uma promessa. Veja que Isaque era promessa, mas também descendência de Abraão, era por meio de Isaque que surgiria uma posteridade tão numerosa que sequer se poderia contabilizar.

Chamados desde o ventre

Assim entendemos que Isaque teve seu chamado mesmo antes de nascer e depois que ele constituiu sua própria família, Deus novamente o promete descendência e que levaria à frente essa promessa:

"Porém Deus disse a Abraão: Não te pareça mal aos teus olhos acerca do moço e acerca da tua serva; em tudo o que Sara te diz, ouve a sua voz; porque em Isaque será chamada a tua semente".

Gênesis 12:21

O destino de Isaque estava selado por Deus, no entanto não podemos nos esquecer de Ismael, a quem Deus também escolheu mesmo não sendo o filho da promessa. Deus também tinha algo reservado para o menino Ismael, faria dele uma grande nação, isso fica evidente quando estava à beira da morte no deserto com sua mãe:

"E ouviu Deus a voz do menino, e bradou o Anjo de Deus a Agar desde os céus e disse-lhe: Que tens, Agar? Não temas, porque Deus ouviu a voz do rapaz desde o lugar onde está. Ergue-te, levanta o moço e pega-lhe pela mão, porque dele farei uma grande nação".

Gênesis 21: 17-18

Os filhos de Isaque: Jacó e Esaú, também foram chamados por Deus e para cada um tinha Deus um propósito e trajetória de vida. José, um dos filhos de Jacó também foi chamado, sua missão de vida era nobre, preservar o povo Hebreu. Que grande tarefa Deus teve na vida daquela criança:

"Pelo que Deus me enviou diante da vossa face, para conservar vossa sucessão na terra e para guardar-vos em vida por um grande livramento."

Gênesis 45: 07

"Vós bem intentastes mal contra mim, porém Deus o tornou em bem, para fazer como se vê neste dia, para conservar em vida a um povo grande."

Gênesis 50: 20

Outro grande exemplo de chamado ainda na infância foi Moisés. O menino hebreu nasceu em um tempo que o povo de Deus estava passado por grande perseguição do Rei do Egito, mas sua mãe cheia da sabedoria do alto fez um cesto e o deixou descer pelas águas para ser criado pela filha de faraó. Aquele não era só um bebê, ali estava o libertador de Israel:

"E agora, eis que o clamor dos filhos de Israel chegou a mim, e também tenho visto a opressão com que os egípcios os oprimem. Vem agora, pois, e eu te enviarei a Faraó, para que tires o meu povo, os filhos de Israel, do Egito.

Êxodo 3:9-10

Outra criança literalmente "chamada" na infância foi Samuel. Aquele garoto era filho de Ana, uma mulher angustiada que tomou a decisão ir ao templo para orar e levar até Deus sua angústia por não poder gerar filhos. Deus concedeu o desejo do seu coração e a criança foi criada aos pés do Sacerdote Eli, e foi um profeta, juiz e sacerdote:

"E crescia Samuel, e o Senhor era com ele, e nenhuma de todas as suas palavras deixou cair em terra. E todo o Israel, desde Dã até Berseba, conheceu que Samuel estava confirmado por profeta do Senhor".

1 Samuel 3:19-20

Davi também, uma criança afastada de todos, de certa forma diminuída por sua pouca idade e seu porte que não parecia ser de um guerreiro, mas Deus já o havia escolhido para ser rei, e mais, Ele o havia escolhido para ser um homem "segundo o Seu coração", a partir da descendência daquele menino suscitaria o Salvador do mundo.

"E, quando este foi retirado, lhes levantou como rei a Davi, ao qual também deu testemunho e disse: Achei a Davi, filho de Jessé, varão conforme o meu coração, que executará toda a minha vontade. Da descendência deste, conforme a promessa, levantou Deus a Jesus para Salvador de Israel".

Atos 13: 22-23

Ester, nasceu e cresceu e tempos difíceis para o povo de Deus, mas as promessas e propósitos de Deus foram cumpridos em sua vida no tempo certo, ela foi o livramento para o povo hebreu. Uma menina sem expectativa, criada por seu tio, mas que foi um grande instrumento para que o povo judeu não fosse aniquilado.

"Então, disse Mardoqueu que tornassem a dizer a Ester: Não imagines, em teu ânimo, que escaparás na casa do rei, mais do que todos os outros judeus. Porque, se de todo te calares neste tempo, socorro e livramento doutra parte virá para os judeus, mas tu e a casa de teu pai perecereis; e quem sabe se para tal tempo como este chegaste a este reino? Então, disse Ester que tornassem a dizer a Mardoqueu: Vai, e

ajunta todos os judeus que se acharem em Susã, e je-
juai por mim, e não comais nem bebais por três dias,
nem de dia nem de noite, e eu e as minhas moças tam-
bém assim jejuaremos; e assim irei ter com o rei, ain-
da que não é segundo a lei; e, perecendo, pereço. En-
tão, Mardoqueu foi e fez conforme tudo quanto Ester
lhe ordenou."

Ester 4:13-17

Outro potente exemplo de como Deus usa e chama as crianças é Josias, um menino que com apenas oito anos que fez a diferença enquanto reinava, tirando da casa de Deus os ídolos e orientando o povo de Deus a se arrepender dos seus maus caminhos.

"Tinha Josias oito anos de idade quando começou a
reinar e reinou trinta e um anos em Jerusalém; e era o
nome de sua mãe, Jedida, filha de Adaías, de Bozca-
te. E fez o que era reto aos olhos do Senhor; e andou
em todo o caminho de Davi, seu pai, e não se apar-
tou dele nem para a direita nem para a esquerda."

2 Reis 22:1-2

Quando Josias tinha 16 anos buscou ao Senhor, com 20 anos purificou toda a cidade da idolatria e com 26 anos iniciou o reparo da Casa do Senhor. Ele era apenas um menino quando chamado, mas cumpriu na íntegra seu propósito de vida.

"Porque, no oitavo ano do seu reinado, sendo
ainda moço, começou a buscar o Deus de Davi,
seu pai; e, no duodécimo ano, começou a purifi-

car a Judá e a Jerusalém dos altos, e dos bosques, e das imagens de escultura e de fundição....E, no ano décimo oitavo do seu reinado, havendo já purificado a terra e a casa, enviou a Safã, filho de Azalias, e a Maaseias, maioral da cidade, e a Joá, filho de Joacaz, registrador, para repararem a Casa do Senhor, *seu Deus"*.

2 Crônicas 34: 3,8

O resultado da fidelidade de Josias fez com que o povo não se desviasse dos caminhos do Senhor, o Deus de seus pais. Enquanto durou seu reinado ele foi um influenciador para o povo de amar e respeitar a Deus. Isso que o Senhor espera de nós, que sejamos uma boa influência para nossas crianças para elas continuem servindo ao Senhor em sua casa e respeitando sua Obra e sua Palavra.

Elas não podem ficar de fora

Deus usa as crianças para fazer sua vontade, elas podem servi-lo, elas devem fazê-lo. Quando Deus chamou Moisés, deu a ele um sinal para que soubesse que seria o libertador do povo Hebreu:

"E Deus disse: Certamente eu serei contigo; e isto te será por sinal de que eu te enviei: quando houveres tirado este povo do Egito, servireis a Deus neste monte."

Êxodo 3:12

Moisés tinha clareza do que deveria fazer e de que seu chamado envolvia a todos. Por essa razão quando questionado por Faraó sobre quem deveria ir com ele, responde:

> *"E Moisés disse: Havemos de ir com nossos meninos e com os nossos velhos; com os nossos filhos, e com as nossas filhas, e com as nossas ovelhas, e com os nossos bois havemos de ir; porque festa do Senhor temos".*
>
> *Êxodo 10:9*

Faraó sabia que se Moisés levasse as crianças, ele não voltaria, por isso sugeriu que as deixasse para trás, no entanto ele lutou pela vida daquelas crianças e disse que nada nem ninguém seria deixado no Egito. As promessas são para todos que fazem parte da família de Deus:

> *"Então, Faraó chamou a Moisés e disse: Ide, servi ao Senhor; somente fiquem vossas ovelhas e vossas vacas; vão também convosco as vossas crianças. Moisés, porém, disse: Tu também darás em nossas mãos sacrifícios e holocaustos, que ofereçamos ao Senhor, nosso Deus. E também o nosso gado há de ir conosco, nem uma unha ficará; porque daquele havemos de tomar para servir ao Senhor, nosso Deus; porque não sabemos com que havemos de servir ao Senhor, até que cheguemos lá".*
>
> *Êxodo 10:24-26*

Se Moisés não tivesse lutado para que as crianças também fossem adorar a Deus, que seria do futuro de Israel? Moisés teve uma visão a respeito do que seria o povo de Deus com ou sem as crianças, as crianças eram o futuro daquele povo e nós como igreja devemos ver assim também.

Às vezes vemos as crianças sendo ignoradas e excluídas dos trabalhos da igreja, são poucas oportunidades que lhes são dadas para expressarem sua adoração a Deus e servirem na obra do Senhor, mas não deve ser assim, pois elas também são importantes para Deus e devem do mesmo modo serem importantes para nós.

Josué, um pastor de crianças

Após a morte de Moisés, Josué foi levantado como o novo líder daquele povo e uma de suas principais características é que ele sabia da importância da criança e das necessidades do seu envolvimento no serviço de Deus, por isso as incluiu na convocação que fez para que lessem os mandamentos de Deus para seu povo:

> *"E, depois, leu em alta voz todas as palavras da lei, a bênção e a maldição, conforme tudo o que está escrito no livro da Lei. Palavra nenhuma houve, de tudo o que Moisés ordenara, que Josué não lesse perante toda a congregação de Israel, e das mulheres, e dos meninos, e dos estrangeiros que andavam no meio deles".*
>
> *Josué 8:34-35*

Ninguém foi excluído, todos estavam ali presentes para ouvir de Deus suas bênçãos, promessas e advertências. Há muitas porções bíblicas em que Deus demonstra todo o amor e cuidado ao aceitar o serviço da criança em sua obra (2 Crônicas 31; 1 Samuel 1:24-28; Mateus 21:15,16). Em todos eles vemos que as crianças serviam ao Senhor de maneira extraordinária, seja na antiga ou na nova aliança.

O menino que ouviu a Deus

Samuel servia a Deus ainda muito pequeno, estava perante o sacerdote Eli e também ministrava perante o Senhor, vestia uma roupa sacerdotal feita de linho que todos os anos a mãe lhe trazia. A cada dia crescia em conhecimento e graça diante de Deus e dos homens.

Aquele menino cresceu e se tornou uma pessoa que influenciou o povo de maneira marcante, por várias vezes, o povo voltou a Deus por causa das palavras de arrependimento que Samuel trazia e além disso se mostrava alguém profundamente comprometido em ensinar e orar pelo povo:

> *"Então, falou Samuel a toda a casa de Israel, dizendo: Se com todo o vosso coração vos converterdes ao Senhor, tirai dentre vós os deuses estranhos e os astarotes, e preparai o vosso coração ao Senhor, e servi a ele só, e vos livrará da mão dos filisteus. Então, os filhos de Israel tiraram dentre si os baalins e os astarotes e serviram só ao Senhor. Disse mais Samuel: Congregai todo o Israel em Mispa, e orarei por vós ao Senhor. E congregaram-se em Mispa, e tiraram água, e a derramaram perante o Senhor, e jejuaram aquele dia, e disseram ali: Pecamos contra o Senhor. E julgava Samuel os filhos de Israel em Mispa".*

> *1 Samuel 7:3-6*

> *"Então, disse Samuel ao povo: Não temais; vós tendes cometido todo este mal; porém não vos desvieis de seguir ao Senhor, mas servi ao Senhor com todo o vosso coração. E não vos des-*

vieis; pois seguiríeis as vaidades, que nada aproveitam e tampouco vos livrarão, porque vaidades são. Pois o Senhor não desamparará o seu povo, por causa do seu grande nome, porque aprouve ao Senhor fazer-vos o seu povo. E, quanto a mim, longe de mim que eu peque contra o Senhor, deixando de orar por vós; antes, vos ensinarei o caminho bom e direito. Tão somente temei ao Senhor e servi-o fielmente com todo o vosso coração, porque vede quão grandiosas coisas vos fez. Porém, se perseverardes em fazer o mal, perecereis, assim vós como o vosso rei".

1 Samuel 12: 20-25

Elas são capazes

Conhecer a Cristo e um privilégio para todo que crê, a Palavra de Deus tem poder para transformar e mudar a vida de cada ser humano que entrega sua vida ao Senhor, seja ele adulto, jovem ou mesmo criança. Ele não faz acepção de pessoas e dá aos pequeninos, graça, força e coragem para servir a Deus e sua Palavra.

"Tu, porém, permanece naquilo que aprendeste e de que foste inteirado, sabendo de quem o tens aprendido. E que, desde a tua meninice, sabes as sagradas letras, que podem fazer-te sábio para a salvação, pela fé que há em Cristo Jesus".

2 Timóteo 3:14-15

Veja o exemplo de Timóteo, uma pessoa que conhece as sagradas letras desde a infância. É por isso que me dedico a cuidar melhor da criança na casa de Deus, pois quando elas aceitam a Jesus como seu Salvador passam a frequentar os cultos e se comprometer com Ele independente de seus responsáveis estarem na igreja ou não.

Vejo claramente que as crianças sentem a necessidade de servir ao Senhor. Mas, hoje vemos que infelizmente não está sendo fácil para os pequeninos servirem a Deus, pois muitos que estão na igreja pensam erroneamente sobre a salvação da criança e sua importância na obra do Senhor.

Criança também precisa de Jesus

Certa vez, ao sair da igreja, parei para conversar com algumas crianças que me procuraram para falar a respeito da próxima classe de Escola Bíblica Dominical. Uma irmã que estava perto escutava e via o entusiasmo delas ao falar comigo a respeito da aula daquele dia e o que as esperaria para próxima aula.

Despois atender as crianças, aquela irmã me chamou e disse que não era importante que estas crianças fossem para igreja porque elas eram ainda muito pequenas, e que aceitar a Jesus naquela idade não fazia falta, porque tinham que aproveitar toda sua vida brincando e se divertindo.

Fiquei atônita ao ouvir aquelas palavras, pois como pedagoga sei da importância do brincar e como as brincadeiras ajudam no crescimento e desenvolvimento das crianças. Mas quando escutei aquilo logo a respondi que as crianças também necessitam da salvação que elas também nasceram em pecado e que precisam do perdão de Deus para suas vidas:

"Porque todos pecaram e destituídos estão da glória de Deus".

Romanos 3:23

Infelizmente muitas pessoas que estão dentro de nossos templos pensam desta mesma forma, acham que as crianças não necessitam de salvação. Aceitar a Jesus é aceitar o sacrifício de Cristo na cruz do calvário e crer nesse amor. Nossas crianças necessitam dessa experiência de novo nascimento.

Timóteo, em primeiro lugar conheceu a Cristo como seu Salvador e logo após demonstrou uma fé sem fingimento, isto era a evidência de seu crescimento espiritual e compromisso com o Senhor. Mas Timóteo não parou por aí, ele serviu ao Senhor, e todos que o conheciam viam seu testemunho.

"E chegou a Derbe e Listra. E eis que estava ali um certo discípulo por nome Timóteo, filho de uma judia que era crente, mas de pai grego, do qual davam bom testemunho os irmãos que estavam em Listra e em Icônio".

Atos 16:01-02

Nesse texto vemos que o apostolo Paulo quando chegou a Derbe e Listra, obteve muito bom testemunho a respeito de Timóteo, o povo dali falava do compromisso que aquele jovem tinha com a obra de Deus e sua Palavra. Por esse motivo Paulo o convida para ser seu companheiro nas viagens missionárias.

Deus usa as crianças

Em todos os casos em que as crianças do Antigo e Novo Testamento serviram ao Senhor, receberam força e coragem e até mesmo recompensas por serem fiéis e buscar sua presença.

É lindo ver que a maior parte dessas histórias de crianças que obedeceram a Deus se dá em tempos difíceis, quando padeciam fome e estavam sob ameaças e injustiças. No entanto, cresceram confiando nas promessas e na salvação do Senhor para suas vidas e são exemplos para nós e até o dia de hoje.

José tinha apenas dezessete anos quando foi levado como escravo ao Egito, mas algo lhe fazia totalmente diferente, diz a Palavra *que "o Senhor estava com ele e tudo o que ele fazia o Senhor prosperava em sua mão" (Gn. 39:3)*. Imagine você, ele era só um menino, um escravo, depois disso um prisioneiro, no entanto veio a tornar-se governador do Egito, apenas faraó lhe era maior naquela nação poderosíssima:

> **"Disse mais Faraó a José: Vês aqui te tenho posto sobre toda a terra do Egito. E tirou Faraó o anel da sua mão, e o pôs na mão de José, e o fez vestir de vestes de linho fino, e pôs um colar de ouro no seu pescoço. E o fez subir no segundo carro que tinha, e clamavam diante dele: Ajoelhai. Assim, o pôs sobre toda a terra do Egito. E disse Faraó a José: Eu sou Faraó; porém sem ti ninguém levantará a sua mão ou o seu pé em toda a terra do Egito".**
>
> **Gênesis 41:41-44**

Samuel era ainda mais novo que José quando começou a servir ao Senhor no templo, ele estava longe de seus pais, de tudo que lhe era conhecido por uma missão e um chamado celestial, mas seu relacionamento com Deus era tão sério que foi a ele, que em uma noite, Deus revelou o futuro da nação, dando inclusive uma advertência ao sacerdote da época a respeito de seus filhos.

Samuel significa "Do Senhor eu pedi" (1Sm.1:20), ele foi o último dos juízes e o primeiro profeta, além de atuar como sacerdote. Deus o usou para orientar e exortar o povo sempre que necessário. Foi Samuel que ungiu o Rei Saul e o Rei Davi. Ele foi um homem extraordinário, mas que obedeceu a sua chamada quando ainda era apenas uma criança.

> *"E o jovem Samuel servia ao Senhor perante Eli. E a palavra do Senhor era de muita valia naqueles dias; não havia visão manifesta. E sucedeu, naquele dia, que, estando Eli deitado no seu lugar (e os seus olhos se começavam já a escurecer, que não podia ver) e estando também Samuel já deitado, antes que a lâmpada de Deus se apagasse no templo do Senhor, em que estava a arca de Deus, o Senhor chamou a Samuel, e disse ele: Eis-me aqui."*
>
> *1 Samuel 3:1-4*

Quando uma criança responde ao chamado do Senhor ela o faz com muito compromisso e fidelidade e passa a ser uma influenciadora, por isso nunca as despreze. Quem garante que você não está diante de um novo Samuel, Davi ou Josias?

> *"E Josias tirou todas as abominações de todas as terras que eram dos filhos de Israel; e a todas quantos se achara em Israel obrigou a que com tal culto servissem ao Senhor, seu Deus; to-*

**dos os seus dias não se desviaram de após o Se-
nhor, Deus de seus pais".**

2 Crônicas 34:33

Crianças precisam de referenciais

Timóteo cresceu aos pés da sua avó e da sua mãe, ambas lhe ensinaram a bondade do Senhor. A Bíblia fala que a mãe de Timóteo era judia, enquanto seu pai era grego, ou seja, provavelmente não seguia as leis de Deus, era um inconfesso. No entanto, sua mãe assumiu o discipulado de seu filho, lhe ensinou a Palavra desde a mais tenra infância:

> *"Tu, porém, permanece naquilo que aprendeste e de que foste inteirado, sabendo de quem o tens aprendido. E que, desde a tua meninice, sabes as sagradas letras, que podem fazer-te sábio para a salvação, pela fé que há em Cristo Jesus."*

2 Timóteo 3:14-15

Timóteo havia aceitado e reconhecido a Cristo como seu Salvador, demonstrando uma fé sem fingimento crescendo espiritual servindo ao Senhor. Todos que conheciam Timóteo davam bom testemunho dele, tanto que se torna um homem de confiança do apóstolo Paulo e um importante instrumento na expansão e edificação da Igreja do primeiro século.

Vemos que Deus tem uma obra na vida das crianças, que o Senhor tem planos para cada uma delas. Mas, muitas vezes os pais não fazem seu papel de ensiná-las no verdadeiro caminho. Como aconteceu com Josias a respeito do seu pai, que *"fez o que era mal aos olhos do Senhor"*. Mas, pela graça de Deus e muito provavelmente por buscar inspiração em outro "pai" Davi, e buscar um lugar de arrependimento como Manasses seu avô, cumpriu cabalmente sua missão.

Então eu o pergunto: que história você deixara para seus filhos? Temos tido o mesmo empenho e responsabilidade que estava sobre a mãe e a avó de Timóteo que o instruíram e conduziram à salvação aquele garoto, que veio a tornar-se um cristão exemplar?

Educar a criança nos caminhos de Deus foi uma ordem expressa Dele para seu povo e tenho visto que ensinar a criança o temor do Senhor é o que de melhor se pode fazer por ela, pois *"O temor do Senhor é o princípio da sabedoria, e a ciência do Santo, a prudência". (Provérbios 9:10).*

E os adolescentes?

A adolescência é uma época de muitas turbulências, uma transição entre a infância e a vida adulta que por si só é marcada por crises e questionamentos, e nessa fase tão importante da vida se faz extremamente necessário que haja instrução e dedicação por parte dos pais e professores, já que as escolhas feitas durante essa fase vão repercutir por toda a vida.

Os adolescentes também devem ser ensinados na Palavra de Deus, pois a Bíblia no livro de Eclesiastes diz que a mocidade é tempo de servir ao Senhor, Veja:

> *"Lembra-te do teu Criador nos dias da tua mocidade, antes que venham os maus dias, e cheguem os anos dos quais venhas a dizer: Não tenho neles contentamento".*

> *Eclesiastes 12:01*

Nem todas as crianças, adolescentes e jovens tiveram a oportunidade de nascer ou crescer no lar evangélico e receber princípios, por isso nós como servos de Deus devemos estar sempre atentos às necessidades dos adolescentes dentro das igrejas, para que encontrem em nós a família acolhedora que talvez não tenham em casa.

Esse assunto me faz lembrar alguns anos atrás quando, ainda jovem, fui enviada para Moçambique como missionária. A necessidade e carência daquelas crianças tanto de afeto como economicamente eram tão grandes que ao vê-las era difícil não chorar.

Aqueles foram para mim um dos momentos mais importantes do meu ministério, um presente de Deus, pois pude ajudar muitas crianças e adolescentes a conhecerem a Jesus, crescerem nesse amor. Deus também tinha algo para fazer na vida daquelas crianças e adolescentes e sou tão grata por poder colaborar com isso.

E você? De que forma pode colaborar para que o Evangelho alcance o coração das crianças e jovens da sua congregação? Um abraço cura, uma palavra pode fazer com que o coração ferido de um adolescente se abra para o amor de Deus. Temos ao nosso redor milhares de órfãos de pais vivos que precisam apenas que alguém lhes dê um pouco de atenção e uma palavra da parte de Deus. Seja você essa pessoa.

Crianças que adoram

Como podemos ver todo esforço empregado em apresentar Jesus às crianças e adolescentes é muito importante, pois influenciar a vida da criança com a Palavra de Deus dará a ela a esperança e a certeza de uma vida melhor.

Durante todo o tempo que estive em Moçambique vi as mãos de Deus na vida daquelas crianças. Lembro-me que por não haver muitas cadeiras nos cultos, elas sentavam comigo em uma lona de palha no chão, no entanto nada as impedia de adorar com fervor e entrega.

Lembro-me de um dia em especial, enquanto organizava as crianças para cantar ao Senhor, descia sobre sua igreja uma presença maravilhosa, o culto estava cheio e Deus estava agindo no meio de seu povo, vidas eram batizadas com Espírito Santo, renovadas, e elas próprias faziam parte desse mover maravilhoso.

Havia oportunidade ali para que elas louvassem a Deus e a presença do Senhor vinha e elas eram também batizadas com o Espírito Santo. Nunca me esquecerei de uma criança com suas roupinhas rasgadas e pés descalços, que erguia seus braços magrinhos na presença de Deus e chorando dizia: "Não quero te deixar nunca Jesus, não quero te deixar nunca!".

O ecoar dessas palavras está presente em meu coração até o dia de hoje, quando lembro choro porque naquele dia vi a importância dos esforços e dedicação que foram feitos para que esta criança chegasse até a casa de Deus, aprendesse sua Palavra e pudesse dirigir aquela adoração tão forte e pura.

Naquela época realizamos muitos trabalhos de evangelização para ganharmos as crianças para Jesus e Deus cumpriu suas promessas naquelas vidas, vi muitos que não tinham nem o que comer, sapatos ou roupas para vestir. Hoje estas crianças são jovens casados e muitos estão servindo ao Senhor no ministério, outras já estão com Jesus.

Cada uma dessas lembranças me faz ver como valeu a pena tantas lágrimas, noites sem dormir, lutas, desafios, necessidades. Pois em cada uma dessas situações vimos a mão de Deus sobre nossas vidas. Deus é fiel.

Um chamado nobre

Sua chamada é para trabalhar com as crianças e adolescentes? Faça com amor, dedique-se, ajude, ame e fale deste amor que o Senhor tem para com cada uma delas e você verá as bênçãos de Deus neste trabalho. Lute, se esforce e Deus dará estratégia, abrirá portas, te dará sabedoria e acima de tudo te recompensara naquele dia, pois todos que fazem a obra do Senhor terão uma recompensa:

> *"Portanto, meus amados irmãos, sede firmes e constantes, sempre abundantes na obra do Senhor, sabendo que o vosso trabalho não é vão no Senhor".*

> *1 Coríntios 15:58*

Em todo trabalho que foi realizado na África vi a mão de Deus sempre conosco, não será diferente com você. Jesus espera que apenas obedeçamos a seu IDE, pregando o Evangelho para toda criatura e que façamos isso em verdade e amor.

Amar a Deus muitas vezes exige renúncia, foi isso que aconteceu na vida de muitas pessoas que foram chamadas. Muitos renunciaram seu país, outros seus dias de trabalho, outros seus momentos de descansos, outros renunciaram até mesmo seus sonhos, tudo por uma boa causa: ganhar almas para o Reino de Deus.

A Bíblia diz que "aquele que ganha almas sábio é" (Pv.11:30b), então seja sábio e ganhe sua família, seu filho, seus amigos, ganhe em especial a criança porque ela tem toda uma vida para servir ao Senhor.

CAPÍTULO 5

Filhos, uma benção na casa do Senhor

"Filho meu guarda as minhas palavras e esconde dentro de ti os meus mandamentos".

Provérbios 7:01

Como nos surpreende a Palavra de Deus, quando observamos a dedicação de algumas famílias que se esforçaram para ajudar seus filhos a crescerem na presença do Senhor e em seu ministério e vocação. Sobre esses pais gostaria de discorrer um pouco, para que sejamos encorajados a atuar de modo semelhante com nossos filhos e com todos os pequeninos que o Senhor nos confiar:

Manoá e sua esposa

"E havia um homem de Zorá, da tribo de Dã, cujo nome era Manoá; e sua mulher era estéril e não tinha filhos. E o Anjo do SENHOR apareceu a esta mulher e disse-lhe: Eis que, agora, és estéril e nunca tens concebido; porém conceberás e terás um filho... Então, Manoá orou instantemente ao SENHOR e disse: Ah! Senhor meu, rogo-te que o homem de Deus, que enviaste, ainda venha para nós outra vez e nos ensine o que devemos fazer ao menino que há de nascer".

Juízes 13:1-3, 8

Perceba que Manoá, por ser um homem temente ao Deus, estava preocupado com a criança que iria nascer e por isso perguntou ao Senhor qual seria o modo de viver e serviço do menino. Isso nos mostra que ele entendia que aquela criança tinha um propósito tremendo para cumprir e estava disposto a ser um canal para que isso acontecesse.

Tanto Manoá como sua esposa criaram seu filho Sansão na presença do Senhor. Sempre falando a importância de temer a Deus e obedecer a suas regras. Porque a missão daquela criança era lutar e defender o povo de Deus quando estivesse grande e apesar de seus erros futuros, foi exatamente isso que ele fez, atuando como um juiz no meio do povo de Deus.

Ana

Ana, foi uma mulher que não podia ter filhos, mas um dia ao tomou uma decisão que mudaria toda sua história. Subiu até o Santuário e pediu o filho que tanto desejava, prometendo a Deus que o entregaria na casa do Senhor para que o servisse para sempre.

Perceba que esta mãe renunciou o direito de ver seu filho crescer perto dela, porque sua preocupação era que seu filho estivesse a serviço da casa de Deus:

> *"E votou um voto, dizendo: SENHOR dos Exércitos! Se benignamente atentares para a aflição da tua serva, e de mim te lembrares, e da tua serva te não esqueceres, mas à tua serva deres um filho varão, ao SENHOR o darei por todos os dias da sua vida, e sobre a sua cabeça não passará navalha".*
>
> *1 Samuel 1:11*

Deus tem seus planos na vida de nossos filhos, cabe a nós cria-los para servirem a esse propósito. Deus ouviu a oração de Ana e cumpriu seu desejo de ser mãe. Ana por sua vez criou seu filho para o serviço da obra de Deus. Deus cumpriu a petição daquela mulher aflita e ela cumpriu com o que prometeu ao Senhor Deus e foi extremamente honrada, inclusive com outros filhos após Samuel.

Davi

O rei Davi foi um homem segundo o coração de Deus, porém era homem como qualquer outro, sujeito as mesmas falhas e imperfeições. Como pai cometeu alguns erros, mas não desistiu de seu filho Salomão, de modo que o vemos aconselhando seu filho a servir e temer ao Senhor. Veja:

> *"E aproximaram-se os dias da morte de Davi e deu ele ordem a Salomão, seu filho, dizendo:*

> *Eu vou pelo caminho de toda a terra; esforça-te, pois, e sê homem. E guarda a observância do SE-NHOR, teu Deus, para andares nos seus cami-nhos e para guardares os seus estatutos, e os seus mandamentos, e os seus juízos, e os seus testemu-nhos, como está escrito na Lei de Moisés, para que prosperes em tudo quanto fizeres, para onde quer que te voltares. Para que o SENHOR confir-me a palavra que falou de mim, dizendo: Se teus filhos guardarem o seu caminho, para andarem perante a minha face fielmente, com todo o seu coração e com toda a sua alma, nunca, disse, te faltará sucessor ao trono de Israel".*

1 Reis 2:2-4

Se olharmos cuidadosamente as Escrituras veremos o cuidado e a dedicação de muitos pais em criarem seus filhos e filhas no caminho do Senhor e a seu serviço. Essa é uma lou-vável atitude e uma responsabilidade. Em uma família saudável sempre haverá lugar especial para a Palavra de Deus e seus ensi-namentos.

Caminhando pelas Bíblia veremos que essa preocupação em orientar os filhos na Palavra não se restringe ao Antigo Tes-tamento, mas está presente também na Nova Aliança. Vejamos os exemplos.

Zacarias e Isabel

João Batista foi escolhido para pregar e anunciar a vinda do Messias. Ainda estando no ventre da sua mãe, aquele meni-no já foi cheio do Espírito Santo. Sobre ele foi dito:

> *"Serás chamado profeta do Altíssimo, porque hás de ir ante a face do Senhor, a preparar os seus caminhos"*

Lucas 1:76

Não temos dúvida que João Batista foi o último profeta, pois o Senhor já havia assim determinado, além disso o próprio Senhor Jesus testificou dele dizendo que nunca houve um profeta semelhante:

> *"E, partindo eles, começou Jesus a dizer às turbas a respeito de João: Que fostes ver no deserto? Uma cana agitada pelo vento? Sim, que fostes ver? Um homem ricamente vestido? Os que se trajam ricamente estão nas casas dos reis. Mas, então, que fostes ver? Um profeta? Sim, vos digo eu, e muito mais do que profeta; porque é este de quem está escrito: Eis que diante da tua face envio o meu anjo, que preparará diante de ti o teu caminho. Em verdade vos digo que, entre os que de mulher têm nascido, não apareceu alguém maior do que João Batista; mas aquele que é o menor no Reino dos céus é maior do que ele".*

Mateus 11:7-11

Às vezes penso que se todos os pais tivessem um pouco de tempo para criar a seus filhos no temor do Senhor, se separassem sempre um tempo para ensiná-los os verdadeiros valores, a humanidade não estaria passando por tantas situações difíceis e teríamos mais homens e mulheres a semelhança desses personagens bíblicos.

Mas infelizmente, muitos pais preferem estar em seus trabalhos ou porque não dizer em meio a seus amigos, que estar com sua família. E quantos filhos cresceram na mesma casa com seus pais sem se conhecerem pois estes nunca tiveram tempo ou interesse em conhecer seus filhos.

Jesus na sua casa

Hoje, vemos tantas coisas que nos causam tristeza: famílias desestruturadas, sem foco, sem esperanças e sem sonhos. E mesmo as crianças se veem carentes de afeto, amor e compaixão. Algumas destas mesmas crianças podem chegar ao extremo de intentarem suicídio, parece algo muito distante, mas tristemente cada dia mais comum.

Nestes anos de ministério infantil, tenho visto uma verdadeira degradação dos valores, os pais já não se importam em educar seus filhos, não os motivam a ir à escola ou os ajudam em suas atividades, não brincam com eles e não tem sequer preocupação de saber se seus filhos estão com fome ou não.

Este mundo está mal e os verdadeiros valores estão sendo substituídos por leis diabólicas que querem destruir as famílias, enfermar a mente de nossas crianças e fazer com que cresçam pessoas frustradas na vida, emocionalmente vazias e espiritualmente mortas.

Que o Senhor com seu eterno amor alcance estas famílias e que possam lutar com toda força pelos seus filhos para jamais perdê-los. Há muitos que já perderam e agora não podem fazer nada a esse respeito. Mas ainda há uma esperança, Cristo é nossa esperança, leve Jesus para dentro de sua casa você irá ver o que Ele fará por sua família, ainda há tempo.

Ao levar Jesus para nossa casa tudo fica diferente e passamos a ver este mundo com os olhos espirituais e assim não permitiremos que leis ou ideais humanos com fundamentação diabólica venham atrapalhar nossas famílias. Sabemos que Deus criou a família e continuaremos defendendo nossos direitos e valores em nome de Jesus.

Lute por sua família, pois ela é um presente de Deus, seus filhos são uma dádiva e Ele os criou para serem pessoas especiais em Sua presença. Os pais que dedicam seu tempo também para motivar e encorajar seus filhos aos serviços do Senhor receberão sua recompensa. Veja o exemplo de Elcana e Ana, pais de Samuel:

> *"E Eli abençoava a Elcana e à sua mulher e dizia: O SENHOR te dê semente desta mulher, pela petição que fez ao SENHOR. E voltavam para o seu lugar. Visitou, pois, o SENHOR a Ana, e concebeu e teve três filhos e duas filhas; e o jovem Samuel crescia diante do SENHOR".*

> *1 Samuel 2: 20,21*

Deus jamais deixa de recompensar qualquer esforço que façamos para aproximar as crianças Dele. Ana foi abençoada para abençoar, não foi só ela que ganhou com a vida de Samuel, o Reino de Deus foi grandemente abençoado por esse menino gerado por meio do clamor de uma mãe.

Inclua a criança na Obra de Deus

Já entendemos um pouco sobre a importância de discipular a criança e de inseri-la no serviço a Deus e os benefícios que esse comprometimento traz. Agora pensaremos um pouco de forma prática como isso pode ser feito levando em conta a própria compleição da criança.

Antes de mais nada, devemos ter em mente que Deus mesmo tem interesse e capacitou seus pequeninos para o servirem em sua obra. Veja o que a Palavra nos diz:

> **"Porque somos feitura sua, criados em Cristo Jesus para as boas obras, as quais Deus preparou para que andássemos nelas.**

> **Efésios 2:10**

A criança, por natureza, tem muita disposição, são animadas, solícitas e tem muito tempo disponível, o qual podem gastar de forma santa e criativa. Façamos algumas contas: são 8.760 horas por ano, 3.650 horas dedicadas ao descanso, 550 horas para alimentação e mais 1.000 horas na escola. Portanto, sobrariam aí 3.560 horas livres, um tempo que poderíamos facilmente aproveitar para ajudá-la a se envolver no serviço de Deus.

Sabemos da importância do brincar como já vimos, mesmo assim as crianças teriam tempo para gastar servindo a Deus. Além disso, servir as faz se sentir úteis e felizes, ao passo que se não é incluída na Igreja logo perderá o interesse e se afastará da comunhão.

Eu me lembro que ainda criança sempre estava evangelizando com meu pai todos os domingos após o almoço. Almoçávamos e as duas horas da tarde saíamos às ruas para evangelizar, eu nunca faltava, entregava os folhetos e falava de Jesus para as pessoas. Dos dez anos de idade até minha juventude nunca deixei de fazer isso. Hoje entendo que Deus nesta época estava aperfeiçoando Sua obra em minha vida e logo depois fui chamada por Ele para ser missionaria.

Hoje, infelizmente vejo muitos pais que estimulam seus filhos a serem médicos, jogadores de futebol, administradores de empresas, engenheiros, professores e fazem tudo o que está a seu alcance para isso. Isso é bom, mais se esquecem de incentivar seus filhos a amar e se interessar pela obra do Senhor Jesus.

Me lembro, de quando jovem, ouvir das crianças e dos adolescentes o desejo de serem pastores, missionários, pregadores, professores da Palavra. Mas é algo que trabalhando com crianças não tenho ouvido mais, a Obra de Deus perdeu seu lugar de honra, mesmo aqueles que amam a Deus já não sabem o que querem fazer para Ele.

Isso acontece porque nós adultos não temos feito a nossa parte como deveríamos. Precisamos fazer um esforço, separar um tempo para envolvê-los, para mostrar-lhes que são parte da igreja e muito úteis para fazer a obra de Deus. As crianças e adolescentes precisam saber que Jesus também conta com elas na divulgação do evangelho:

"E disse-lhes: Ide por todo o mundo, pregai o evangelho a toda criatura. e que eles estão incluídos no IDE de Jesus".

Marcos 16:15

Quando uma criança entende isso, ela será profundamente usada por Deus, seu destemor e sinceridade serão impactantes para todos e a alegria e emprenho que dedicam a tudo o que amam fará com que sejam plenamente recompensadas pelo Senhor:

"E, tudo quanto fizerdes, fazei-o de todo o coração, como ao Senhor e não aos homens, sabendo

que recebereis do Senhor o galardão da herança, porque a Cristo, o Senhor, servis".

Colossenses 3:23-24

Úteis em casa

Por falar em utilidade, estamos vivendo em uma sociedade em que as crianças estão sendo desencorajadas a desempenhar qualquer papel ou tarefa, sob pena de estarem sendo exploradas. No entanto devemos ter em mente que a criança e adolescente necessita começar recebendo pequenas tarefas em casa. O lar é o melhor lugar para nossos filhos começarem a servir a Deus.

Pense na história de Moisés, foi o incentivo que levou Miriã, irmã de Moisés, a ser, nas mãos do Senhor a benção para sair na hora certa e oferecer à filha de Faraó uma ama de leite para cuidar do nenê. De algum modo ela recebeu sobre ela aquele senso de compromisso e isso fez com que fosse usada por Deus como uma resposta a algo eterno.

Nós pais devemos ocupar nossos filhos com atividades onde eles se sintam úteis e importantes na casa do Senhor e na nossa casa. Não precisa ser algo muito grande, mas eles precisam se sentir parte. Uma criança ou adolescente pode facilmente ajudar em casa arrumando a mesa para o café ou almoço, lavando uma louça, mantendo a casa limpa e organizada, ajudando a preparar as refeições, cuidando dos irmãos menores ou colocando água nas plantas.

Uma vez que elas se sintam responsáveis e importantes, podemos também começar a incentivá-las a desenvolver tarefas de âmbito espiritual dentro de casa, tal como orar pelos outros, contar seu testemunho para as visitas, repartir seus pertences com outros, cantar, tocar, orar pela obra missionaria, preparar a lição da Escola Bíblica dominical, saber versículos de memória, ler a Bíblia, viver pela fé e procurar produzir o fruto do Espirito Santo.

Úteis na igreja

Na Escola Bíblica Dominical, tanto a criança quanto os adolescentes devem cooperar e o professor deve dar a oportunidade para que os alunos sirvam ao Senhor na hora da classe. Eles podem desempenhar tarefas na hora de cantar, ajudando o professor a fazer a chamada, apresentar os visitantes que estão na classe, contribuir com ofertas para obra missionaria, participar do grupo de louvor, da orquestra, participar das peças de teatro ou jograis da igreja etc.

Na igreja eles devem ter as mesmas oportunidades, pois vemos na Palavra de Deus que Samuel ainda sendo um menino ajudava o sacerdote Eli a cuidar das coisas do Senhor, e as crianças e adolescentes dos nossos dias também devem aprender a cuidar da igreja e sentir zelo e amor por suas tarefas na Casa de Deus.

Os líderes por sua vez devem dar oportunidades para que eles participem durante o culto e por meio deste incentivo sirvam e prestem seu próprio culto a Deus. Eles podem levar os visitantes para seus lugares, participar do coral, da banda, do conjunto de flauta, participarem da evangelização, ajudar a limpar o templo, testemunhar, fazer leitura da Palavra de Deus, cantar hinos etc.

Veja que há muitas tarefas que nossas crianças e adolescentes podem desempenhar, basta que sejam estimulados a isso, que lhes seja oportunizado. A infância não é uma sala de espera para a vida adulta, infância também é tempo de conhecer, obedecer e servir a Deus.

Desenvolvendo seu máximo potencial

Segundo o criminologista John Edgar Hoover, ex-diretor F.B.I, as crianças e os adolescente que são envolvidos na área musical jamais cometerão delitos graves. *"Os que tocam piano, jamais serão ladrões, e os que tocam, manejam o arco do violino e cantam jamais manejarão uma arma"*, afirma.

A criança quando é estimulada a fazer o que é bom, se tornará um adulto mais confiante e com um objetivo de vida, ela será capaz de sonhar, realizar projetos e não perder o foco tão facilmente. Quando a crianças se sentem importantes no lar e na igreja, se sentem igualmente capazes de fazer coisas boas para Deus e para si mesmas. O compromisso com o bem, não deixa espaço para pensar no que é mal.

Mostre-lhes o caminho da consagração

Vimos acima a pergunta que Manoá fez a Deus ao saber que seria pai. Ele mostra estar interessado em como cuidar daquele menino e seguir a orientação do Senhor no modo de educá-lo. Vejo que louvável atitude desse pai em mostrar o caminho da consagração a seu filho.

Com base nisso eu me pergunto: Quantos pais já fizeram esta mesma pergunta ao Senhor quando souberam da chegada de seus filhos? Quantos preocupam-se em educar seus filhos a serem bons cidadãos e bons servos do Senhor? É lamentável, mas o que temos presenciado com mais frequência são as mães mais preocupadas em orar e criar seus filhos no caminho do Senhor.

Mas, não podemos nos esquecer que tanto a mãe quanto o pai fazem parte da vida da criança e ambos devem estar presentes na educação e instrução de seu filho. A Palavra de Deus nos diz que devemos ensinar a criança no caminho que ela deve andar, para que quando cresça não se desvie desse caminho (Vide Pv. 22:6) e essa não é responsabilidade apenas de um, mas de ambos.

Se houvesse essa atenção, hoje não teríamos tantas famílias desequilibradas, filhos sem foco e sem sonhos, com seu caráter fraco, vivendo uma mordomia insana, onde lhes é dado tudo menos limites. Pessoas assim crescerão frustradas, ao perceberem que a vida não é tão fácil como em sua infância. Veja o que nos recomenda o apóstolo Pedro em sua primeira epístola:

> *"Tendo o vosso viver honesto entre os gentios, para que, naquilo em que falam mal de vós, como de malfeitores, glorifiquem a Deus no Dia da visitação, pelas boas obras que em vós observem.".*

> *1 Pedro 2:12*

A verdade é que a vivência da criança vai depender muito de seus pais, pois são os responsáveis por encorajá-la, desde pequena, a servir a Deus no meio da sociedade. Sobre esse assunto, me lembro da menina que estava na casa do general da Síria, Naamã, cuja Bíblia nem sequer menciona o nome, mas que deu um testemunho incrível do Deus a quem ela servia. Veja:

> *"E saíram tropas da Síria e da terra de Israel levaram presa uma menina, que ficou ao serviço*

> *da mulher de Naamã. E disse esta à sua senhora: Tomara que o meu senhor estivesse diante do profeta que está em Samaria; ele o restauraria da sua lepra."*
>
> **2 Reis 5: 2-3**

Ela não passava de uma criança escrava, em uma terra desconhecida, mas não se acovardou diante da oportunidade de falar de quem era capaz de mudar qualquer circunstância e viu toda a casa de seu senhor ser transformada. Nossos filhos precisam ser assim, mas antes precisam ver isso em nós.

Incontaminados do mal

Daniel também estava no meio de uma sociedade pagã e idólatra, mas juntamente a seus amigos permaneceu firme, defendendo sua fé, mesmo que para isso aqueles jovens tivessem que perder suas próprias vidas (Vide Daniel 1:8-15).

José foi vendido como escravo e passou por muitas adversidades, mas a Bíblia diz que o Senhor era com José em tudo que fazia. Imagine você que ali estava um "escravo próspero", mas isso tinha uma razão, José não se esqueceu dos ensinos de seus pais, ele estava na condição de escravo, mas já sabia desde cedo que o Senhor o fizera para governar, Deus o tinha dito em sonho e seu pai o havia reforçado com aquela túnica colorida que lhe dera.

Nossas crianças precisam saber que são especiais, que Deus as criou para fazer diferença nesse mundo e manifestar um estilo de vida que reflita isso. Nosso Deus tem planos de grandeza para seus filhos e os pais precisam reforçar isso. Nossos meninos têm que crescer ouvindo a Deus como Samuel, destemidos como aquela menina na casa de Naamã, separados como Daniel e seus amigos e prósperos como José.

Todo esforço deve ser regado com oração

Temos que orar para que nossas crianças desenvolvam sua vocação na casa do Senhor, estimulá-las a servi-lo e buscar Sua presença. Porque a criança pode receber força e graça e coragem para continuar servindo ao Senhor por toda sua vida.

Muitas igrejas não abriram seus olhos para este assunto e por isso não dão à criança oportunidade. Muitas das vezes elas são tiradas de seus lugares e ficam de pé ou sentadas em lugares apertados, onde se pede que fiquem caladas, e as vezes recebendo advertências de seus pais para que não andem e nem falem durante o culto.

Sabemos a importância do respeito na casa de Deus, mas também sabemos que as crianças são muito importantes e fazem parte da igreja. Elas não são um incômodo e tem muito que ensinar para nós adultos. Jesus nos diz que da boca das crianças sai o perfeito louvor (vide Mateus 21:16).

Como é lindo ver que algumas igrejas têm dado esta oportunidade para as crianças cantarem e adorem ao Senhor com força e verdade. Não podemos perder de vista que a criança está sendo alvo da mídia e o diabo e estão sendo duramente atacadas em seus valores e crenças, onde são colocadas em dúvida a respeito de tudo, inclusive da própria sexualidade e identidade.

São tempos muito difíceis em que as leis têm sido colocadas em desfavor da família. Por isso devemos orar em todo tempo com oração e súplica de espírito, (Vide Efésios 6:18) para que o Senhor cuide de seu povo e cuide das crianças que juntos formam a Igreja de Cristo e além disso precisamos atuar de forma prática para que a igreja seja um lugar onde a criança receba apoio e acolhida.

Para isso, necessitamos pedir ao Senhor Jesus visão espiritual para que nestes últimos tempos da igreja na terra, ocupemos nossas crianças e adolescentes na obra do Senhor, de modo que não fiquem à mercê, sem oportunidades, pois com certeza satanás fará de tudo para arrebatá-las.

Que possamos ser pais, líderes e professores aprovados por Deus, para fazermos esta obra, e jamais perder nossos pequeninos para as investidas malignas, pois nada do que fizermos a eles ficará sem recompensa:

"Portanto, meus amados irmãos, sede firmes e constantes, sempre abundantes na obra do Senhor, sabendo que o vosso trabalho não é vão no Senhor".

1 Coríntios 15:58

CAPÍTULO 6

Pais saudáveis, Filhos saudáveis

"Mas, se alguém não tem cuidado dos seus e principalmente dos da sua família, negou a fé e é pior do que o infiel".

1 Timóteo 5:8

Neste capítulo gostaria de falar um pouco sobre a importância da família na vida das crianças. A família pode ser tanto uma mola propulsora para o sucesso do indivíduo como um agente de castração intelectual, emocional e até espiritual, formando uma pessoa totalmente fracassada em todos os seus intentos e determinações.

A primeira grande dificuldade que temos enfrentado hoje é a deficiência da comunicação entre pais e filhos. Os pais lutam para dar o melhor para seus filhos, mas às vezes esquecem que os seus filhos apenas precisam da sua presença e atenção.

Sei que a rotina da maioria é muito corrida, mas os pais precisam saber dividir seu tempo para dar atenção aos filhos, pois estes tem uma necessidade imensa de diálogo e atenção, tudo que um filho precisa é ter tempo de qualidade com seus pais, seja que idade tiverem.

Não podemos deixar que as mudanças impostas pelo novo estilo de vida moderno prejudiquem os verdadeiros valores. Os filhos precisam ter uma porta aberta de diálogo com seus pais, poder falar-lhes das suas necessidades, dificuldades, anseios. Não se pode falar em paternidade eficaz se não há comunicação franca e recorrente.

Presença, não presentes

Cada dia que passa, ouvimos histórias absurdas de pais que para se defender dizem estar fazendo o melhor trabalhando em excesso, sem tempo algum de dialogar com seus filhos, estes por sua vez se sentem intimidados pela situação e não tem coragem de conversar com seus pais, que demonstram impaciência não sabendo o quanto seus filhos carecem de atenção e compreensão.

Procurar de alguma maneira compensar a ausência dando brinquedos ou fazendo tudo que a criança quer é o pior caminho que podemos tomar. Pois agindo a assim o indivíduo cresce sem conhecer o que são limites ou regras, e quando vão à igreja não sabem lidar com o que lhes é proposto.

Então crescem revelando imaturidade, pois não sabem como enfrentar situações que apareceram em sua jornada e se sentem frustrados, decepcionados e com sua autoestima arrasada ao menor sinal de contrariedade das expectativas.

Infelizmente, vemos que se não houver algumas orientações a respeito da importância do diálogo em família, cada vez mais crianças apresentarão problemas de aprendizagem. Estamos diante de muita informação e conteúdo, mas nenhuma paciência para ensinar ou aprender. E por consequência quem não sabe esperar, não sabe lidar com os "nãos", isso gera falta de ousadia para enfrentar crítica com humildade e reconhecer quando falha. É um ciclo e com final desastroso.

Augusto Cury (2003) relata que os bons hábitos contribuem para desenvolver na criança, motivação, ousadia, paciência, determinação, capacidade de superação, habilidade para criar e aproveitar oportunidade. Ocorre que muitos pais não tem coragem de reconhecer seus próprios erros, então criam seus filhos apresentando estes mesmos comportamentos, sem conseguir enfrentar os obstáculos que estão por vir.

Alguns têm entregado a responsabilidade nas mãos dos professores, que na maioria das vezes tem feito seu trabalho procurando ajudar seus alunos, no entanto há os que também pouco se importam e ignoram a situação por entender que não faz parte de sua competência. Assim, nossas crianças crescem carentes, e tem refletido esta ausência na dificuldade de aprender.

As dificuldades da aprendizagem fazem com que a autoestima da criança fique mais baixa, aumentando o nível de ansiedade da família, do professor e consequentemente da criança. Forma-se um caos emocional e absolutamente desgastante em volta daquele indivíduo, em total discordância com o que Deus criou para ser.

Amor com sabedoria

A família foi constituída por Deus e por meio das famílias Deus pretende que seu nome seja conhecido na terra e ao lermos a Bíblia Sagrada iremos observar que, o próprio Deus orienta os pais a cuidarem e zelarem pelos seus filhos.

Nós nunca conhecemos um pai que não amasse seu filho. Mas conhecemos pais que não aplicam seu amor com sabedoria. É comum que a família ache que para aplicar o amor tem que permitir que a criança faça o que quiser, mimando-a, às vezes dando sermão e exigindo disciplina demais, forçando a criança a adequar-se ao modelo que a família projetou para ela.

Sabemos que a palavra "cuidado" coloca o amor da família no patamar mais elevado. É uma palavra de aconchego e confortável com o qual toda família parece se identificar, pois representa uma qualidade e habilidade que a maioria dos pais quer desenvolver, pois o cuidar bem dá a criança força e calma.

O cuidar da criança também faz parte da vida dos avós, tios e tias, padrinhos, mentores, professores e todos que amam e se comprometem com a criança. Na verdade, a criança não precisa que sua família seja composta de super-heróis, apenas que esteja com eles em todos os momentos em que precisar.

Segundo Augusto Cury, pais brilhantes conhecem o funcionamento da mente para educar melhor. É preciso que os pais tenham a consciência de que precisam ganhar o território da emoção do seu filho, fazer de seu lar um lugar de aconchego, atenção, compromisso e coerência, assim não há como os métodos de ensino não funcionarem e os valores ensinados não serem acolhidos.

Cuidado profundo e inteligente

Infelizmente hoje em dia muitos pais tornam-se melhores em organizar seus filhos do que em cuidar deles. O organizar é algo que é feito no cérebro, tem a ver com concluir a lição de casa, ir à aula de futebol ou de música, comer, descansar, etc. Esse tipo de organização de tempo mostra que a família está comprometida para que a criança tenha qualidades, seja eficiente, desenvolva seu potencial da pré-escola até cursar uma faculdade. Porém, eu me pergunto: com essa organização estarão cuidando o suficiente?

A família tem que estar ciente do que é cuidar, e que cuidar vai além de organizar, é algo feito com o coração e com a mente. Trata-se de acrescentar no seu dia-a-dia, abraços, elogios, manifestações que mostrem àquela criança que é aceita e importante para a família. O cuidar precisa ser profundo e inteligente.

Os pais sonham em dar o melhor para seus filhos, procuram dar o melhor brinquedo, a melhor roupa, o melhor calçado, passeios e escola. Inclusive buscando dar-lhes o que eles mesmos não tiveram quando crianças. E para isso trabalham dia e noite.

Observamos algumas histórias da Bíblia de alguns pais que deram muita riqueza aos seus filhos, mas falharam em estarem presentes. Foram homens que venceram guerras e grandes batalhas, mas no que tange a família perderam a batalha, e mesmo tentando reverter o quadro não conseguiram, pois já era tarde demais.

Ser pai e mãe é uma tarefa nada fácil, mas quem tem filhos, sejam naturais ou não, precisa se aprimorar nessa tarefa, criando com amor, procurando defendê-los quando necessário e desempenhando seu papel com maior diligência e dedicação possíveis.

Os perigos da superproteção

Criar os filhos com amor, não é superprotegê-los, por superproteção se entendem atitudes excessivas que pretender afastar a criança de qualquer situação que fuja do controle, um veto à autonomia comum e necessária ao desenvolvimento. Atuar dessa forma pode gerar grandes danos às crianças.

Por exemplo, quando os pais levam seus filhos para passear no parque ou na praça, há outras crianças brincando, elas correm, pulam, rolam no chão, enquanto isso os filhos de pais superprotetores ficam sentados ao lado dos seus pais, apenas olhando outras crianças brincarem. Caso lhes seja permitido brincar, o pai está pronto para segurá-lo no final do escorregador, como também a mãe presente na hora que criança está balançando, só não vai junto porque não é permitido.

Agindo desse modo os pais se colocam no lugar de aprendizagem e exploração, de ampliação de autonomia e de construção da autoestima, impedindo o crescimento. Esse cuidado excessivo pode ser proveniente de uma boa intenção, mas é um empecilho no desenvolvimento, o indivíduo que cresce assim desconhece suas potencialidades e até mesmo tem dificuldade de socialização.

Conhecer e respeitar

Um dos pontos importantes para que os pais acertem na criação de seus filhos tem a ver com o conhecimento. Aqueles que têm pouco tempo ou nenhum conhecimento sobre características de desenvolvimento cognitivo, psíquico e tampouco entendem como se dá a aprendizagem, tendem a ter dificuldade em participar da vida dos filhos.

Infelizmente temos visto que muitos pais dizem palavras maravilhosas para seus filhos, mas erram quando agem com intolerância, agressividades parciais e dissimuladas, criando assim a um abismo emocional entre eles. Não sabendo que, construindo uma excelente imagem poderá estabelecer um bom relacionamento e uma boa comunicação com seus filhos.

Para a criança se sentir amada é necessário que acima de tudo ela seja respeitada. Afinal a criança erra muito, porém é assim que ela aprende. Mas quando seus erros são tratados da forma adequada e ela percebe que alguém de fato se importa com ela, com certeza irá retribuir isto, por meio do respeito e obediência.

A criança é o que passam para ela, por isso se em sua casa não há nenhum tipo de comunicação entre pais e filhos, como poderá se comunicar com o mundo lá fora? É a comunicação, trabalhada desde o nascimento que faz com que a criança cresça e se sinta aceita pela sua família como também pela a sociedade onde vive.

A criança precisa de um ambiente propício para se desenvolver, como já dissemos nos capítulos anteriores o lar precisa ser permeado em primeiro lugar pela presença de Deus e assim se apresentar como o local em que ela receberá atenção e aconchego da família, essenciais para seu bom desenvolvimento.

Não adianta a criança possuir tudo se não tiver o amor de seus pais, pois é o amor que destrói barreiras que impedem a boa comunicação, que possibilita a aceitação mútua e que é capaz de criar laços impossíveis de serem rompidos:

"Porque o amor cobrirá multidão de pecados"

1Pedro 4:8b

CAPÍTULO 7

Uma palavra aos professores

"Porque a qualquer que tiver será dado, e terá em abundância."

Mateus 25:29a

Como seria um bom professor de Escola Dominical? Como seria um líder de crianças? Quais são as características de um bom regente do coral infantil? Essas são perguntas que precisam de uma resposta, pois como já dissemos anteriormente vivemos um tempo em que não se tem dado a devida importância ao chamado (talento) para fazer a obra do Senhor, especialmente o voltado para crianças e adolescentes.

Neste livro focamos a importância da criança na obra do Senhor e de como ela pode colaborar com o trabalho da igreja e, por conseguinte expressar Jesus onde quer que esteja inserida. E para que isso seja uma realidade, Deus conta com pessoas capazes e que tenham talento para ajuda-las a crescer e se desenvolver em amplo aspecto.

Há pessoas que já nascem com uma vocação, a outras que descobrem sua vocação com o tempo. Para cada pessoa Deus concede um dom natural, eles são diferentes, mas todos provenientes daquele que desde o princípio encheu o homem de graça e sabedoria para fazer algo em sua obra.

Observamos na história do povo hebreu que quando Deus pede para Moisés construir o Tabernáculo, o próprio Deus desenhou para Moises como deveria ser. Também Deus deu cada tribo o talento ou dom para realizar aquela obra. Uns trabalhavam com madeira, outros com tecidos, outros na fundição do ouro e prata etc.

O mais importante é que Deus deu a capacidade para cada uma daquelas pessoas para realizar seu trabalho com afinco e perfeição. E meditando sobre esse assunto me pus a pensar que isso também é o que Deus espera de cada um nós. Ele nos deu dons e talentos e espera que os usemos para Sua glória e que os usemos da melhor maneira.

Operando no dom

É o nosso dever como professores, pessoas chamadas para tão nobre tarefa, valorizar o que Deus tem nos entregado e fazermos muito bem, com excelência como aqueles colaboradores do Tabernáculo.

Infelizmente, vemos que muitas pessoas ocupam uma liderança sem que este seja o seu dom ou talento. Essas pessoas não tem o chamado de Deus para trabalhar naquela área e o fazem por necessidade ou por outros motivos. No entanto, se atuamos com base no chamado Ele mesmo se encarrega de nos orientar como aplicar os dons:

"De modo que, tendo diferentes dons, segundo a graça que nos é dada: se é profecia, seja ela segundo a medida da fé; se é ministério, seja em ministrar; se é ensinar, haja dedicação ao ensino."

Romanos 12:6-7

"Procura apresentar-te a Deus aprovado, como obreiro que não tem de que se envergonhar, que maneja bem a palavra da verdade".

2 Timóteo 2:15

Todas as pessoas chamadas pelo Senhor para o ministério precisam atentar para esses versículos, mas especialmente aquelas que tem o ministério de ensinar. Ensinar não é algo que pode ser feito de qualquer maneira, é necessário preparo, busca constante de conhecimento e aprimoramento.

Outro ponto importante é estar no lugar certo, de acordo com o talento entregue por Deus, pois só assim o trabalho realizado será próspero, dará frutos. No entanto, se alguém exerce uma função na igreja cujo lugar não lhe pertence, não é seu chamado, a obra sofrerá grandemente e a pessoa também.

Se você é professor de Escola Bíblica Dominical, seja qual for à faixa etária, precisa estar seguro de que esse é seu chamado e que é o tempo de Deus para aquilo. A Bíblia também fala sobre o "novo na fé" e que é necessário que a pessoa para exercer a função de ensinar esteja já há algum tempo caminhando com Cristo. As crianças também precisam ser ensinadas por pessoas cheias do conhecimento da Palavra e que falem esta mesma Palavra com verdade.

Não basta querer fazer, tem que ser chamado e ter o dom para ensinar. Para ser professor é preciso dedicação, esforço e graça. Por isso, pensaremos de forma mais prática sobre quais seriam as qualidades de um bom professor de crianças.

Requisitos necessários para trabalhar com crianças

Em primeiro lugar, sabemos que todos aqueles que querem fazer a obra de Deus tem que ter aceitado a Jesus como seu único Salvador e Senhor de sua vida, pois que vida poderão passar adiante se ainda não experimentaram da obra redentora em si mesmos?

> *"Se, com a tua boca, confessares ao Senhor Jesus e, em teu coração, creres que Deus o ressuscitou dos mortos, serás salvo. Visto que com o coração se crê para a justiça, e com a boca se faz confissão para a salvação".*
>
> *Romanos 10:9-10*

O segundo pré-requisito básico é ter a chamada de Deus, pois o desejo de servir a Deus procede de um encargo especial que o Espírito Santo comunica ao coração dos escolhidos. Tendo manifestado seu chamado necessita ser alguém que se santifica, busca conhecer a Palavra, dá bom exemplo aos demais transmitindo confiança e que tenha segurança no que está ensinando.

Outro ponto muito relevante é que essa pessoa seja espiritualmente madura, que tenha experiência com Jesus e possua intimidade com Ele e com sua Palavra, além de conhecer a obra missionária para poder ensinar sua importância para as crianças na igreja, não esquecendo que Jesus foi o maior missionário de todos os tempos:

"Porque Deus amou o mundo de tal maneira que deu o seu Filho unigênito, para que todo aquele que nele crê não pereça, mas tenha a vida eterna".

João 3:16

O professor também deve ter uma vida de oração, ser puro em toda maneira de viver, ser humilde e depender de Deus e da sua sabedoria para realizar sua obra, além de ensinável a aberto a receber conselho daqueles que tem mais experiência.

Além disso, necessita ser amoroso com as crianças e adolescentes, tratar a todos com dignidade e ser solícito ao esclarecer dúvidas que possam surgir durante o ensinamento. Deve dedicar-se ao ministério, respeitar seu pastor e seu líder e priorizar o Reino de Deus.

Aquele que ensina também necessita ser didático, conhecer o público a que está instruindo e buscar recursos para tornar o aprendizado mais interessante e eficaz. Deve também mostrar-se perseverante na adversidade e encorajar seus alunos a servir ao Senhor dentro de suas condições.

O professor é uma perene fonte de inspiração para seus alunos, seu amor, responsabilidade e dedicação aos pequeninos que Deus lhe confiou devem ser a marca de seu ministério.

Por isso, não menospreze o dom que o Senhor o deu, mas faça a obra com integridade e buscando alegrar o coração de Deus e verá quão grande recompensa e que ricas bênçãos Ele tem para derramar sobre os que se dispõe.

Oração, a mais poderosa ferramenta que existe.

Um professor, antes de tudo precisa ser uma pessoa que ora, alguém que interceda por seus alunos, líderes, por seu departamento, pela a igreja e por todos os membros desse ministério. A oração fará com que vontade de Deus prevaleça ao invés da nossa, fará com que as crianças e adolescentes sejam fortalecidos e que seus corações estejam receptivos ao agir do Senhor.

A comunicação com Deus deve ser algo vital e precisamos também ensinar os pequeninos a orar. É através da oração que o indivíduo cresce espiritualmente. Orar é colocar toda a confiança em Deus e a criança desde cedo precisa experimentar esse cuidado amoroso do Senhor, ver suas preces respondidas, sua fé edificada. Essas experiências indeléveis com a oração na infância são marcos que jamais serão removidos.

Além disso, a oração é a única arma eficaz para vencer o pecado. As crianças também têm suas lutas e precisam estabelecer essa comunicação direta com Deus. Não há vida com Deus longe da oração e da meditação da Palavra, por isso todo nosso esforço para com eles precisa ser regado com oração, caso contrário não perdurará. Veja o que nos ensina o apóstolo Paulo:

> *"Orando em todo tempo com toda oração e súplica no Espírito e vigiando nisso com toda perseverança e súplica por todos os santos."*

> *Efésios 6:18*

A oração deve ser um hábito de vida do professor que inspirará seus alunos. Quando fazemos isso ambos são transportados para uma nova dimensão, o céu se ligará a terra e receberemos de Deus todo o necessário para cumprir sua vontade e realizar sua obra.

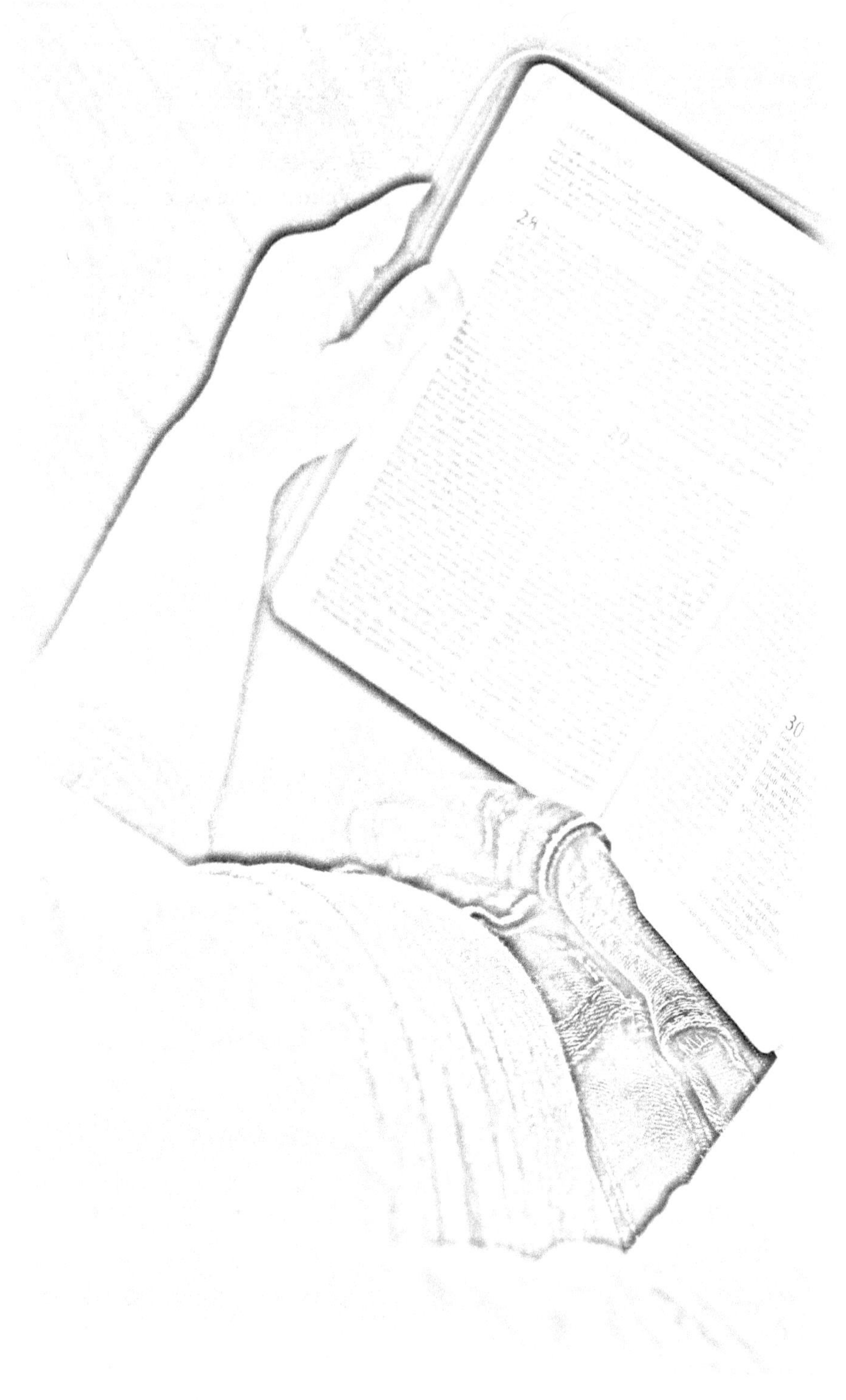

CAPÍTULO 8

Eu também quero ouvir de Jesus

"E disse-lhes: Ide por todo mundo e pregai o evangelho a toda criatura".

Marcos 16:15

Neste capítulo nos dedicaremos à importância de falar de Jesus para as crianças. Não se trata de ensiná-la mais uma "historinha", mas de levá-las ao pleno conhecimento da pessoa de Cristo e conduzi-las à experiência de salvação e novo nascimento.

Em primeiro lugar o professor precisa de um bom conhecimento do plano de salvação e andar no mesmo compasso do coração de Deus, cuja maior satisfação e anseio é a salvação das almas, e sobre isso preciso dizer que a alma de uma criança tem tanto valor para Deus quanto a de um adulto.

Que fique claro que o mandamento de Jesus inclui as crianças e que elas também precisam Dele em suas vidas. Vivemos em um tempo de tanta violência contra as crianças, tanta falta de amor e respeito para com a inocência delas que muitas vezes nos sentimos frustrados e decepcionados com aqueles ministérios que perderam esta sensibilidade de ganhar alma para Jesus.

Vejo que alguns de nós estamos tão preocupados com tantas coisas neste mundo, como ter uma boa posição na igreja, ou com as trivialidades que nos consomem que nos esquecemos do que realmente Jesus espera de cada um de nós.

Um grito por socorro

Ao contrário do que muitos pensam, as crianças estão gritando por socorro, por salvação, elas desejam também poder sentir esta esperança, precisam se sentir felizes em saber que um céu as espera. Elas precisam desesperadamente de Jesus.

O que estamos fazendo para ganhar as crianças para Jesus? Se formos realmente sinceros veremos que não muito. Elas estão na "prateleira" esperando uma hora que talvez nunca chegue e depois que já tiverem feito todas as escolhas erradas possíveis e estejam absortas pela lama do pecado haveremos de nos preocupar com suas almas.

No entanto, pregar o evangelho para as crianças se tornou urgente, pois milhares delas são vítimas de violências todos os dias e as vezes esta violência ocorre dentro de suas próprias casas. Muitas são levadas ainda muito pequenas a se envolverem com drogas, a exploração, abusos sexuais e o trabalho infantil e tristemente, os que as estão expondo a isso são os que deveriam protegê-las. E nós como igreja o que estamos fazendo?

Estamos nos momentos finais, Jesus está voltando e já é hora de pararmos de buscar posições e corrermos em busca das almas que estão morrendo sem Cristo. Tenho visto neste tempo que sirvo ao Senhor por sua misericórdia, que muitas pessoas na igreja querem o destaque dentro da congregação, mas o que Deus espera de cada um de seus filhos é que brilhemos neste mundo pregando o evangelho.

Este mundo está doente, os valores estão todos invertidos, milhares nesse momento estão padecendo fome, frio, dor, humilhações e não há quem possa ir por elas. Ninguém disposto a abraçá-las, ajudá-las, olhar no fundo de seus olhos e dizer que Deus as ama e tem um futuro para elas.

Eu creio em um evangelho dinâmico, poder de Deus capaz de mudar a vida e mesmo a história mais difícil. Creio no evangelho capaz de resgatar uma criança do lixo para colocá-la assentada junto aos príncipes. Isso depende de mim, da igreja de Cristo na terra, depende de todo aquele que recebeu Jesus e entendeu que foi chamado para pregar o evangelho a toda criatura. Por isso o Senhor valoriza tanto a explanação de sua Palavra aos pequeninos:

> *"Amarás, pois, o SENHOR, teu Deus, de todo o teu coração, e de toda a tua alma, e de todo o teu poder. E estas palavras que hoje te ordeno estarão no teu coração; e as intimarás a teus filhos e delas falarás assentado em tua casa, e andando pelo caminho, e deitando-te, e levantando-te".*
>
> **Deuteronômio 6:5-7**

A Palavra de Deus carrega consigo esse poder transformador e deve ser ensinada de forma diligente. Não havendo instrução como eles seguirão ao Deus verdadeiro? Como já dissemos antes, Josué era alguém que se importava com as crianças e que fossem ensinadas, assim como os adultos, mas veja o que sucedeu ao povo de Israel após o falecimento dele:

> *"E serviu o povo ao SENHOR todos os dias de Josué e todos os dias dos anciãos que prolongaram os seus dias depois de Josué e vira toda aquela grande obra do SENHOR, a qual ele fizera a Israel. Faleceu, porém, Josué, filho de Num, servo do SENHOR, da idade de cento e dez anos. E sepultaram-no no termo da sua herdade, em Timnate-Heres, no monte de Efraim, para o norte do monte Gaás. E foi também congregada toda aquela geração a seus pais, e outra geração após eles se levantou, que não conhecia o SENHOR, nem tampouco a obra que fizera a Israel. Então, fizeram os filhos de Israel o que parecia mal aos olhos do SENHOR; e serviram aos baalins. E deixaram o SENHOR, Deus de seus pais, que os tirara da terra do Egito, e foram-se após outros deuses, dentre os deuses das gentes que havia ao redor deles, e encurvaram-se a eles, e provocaram o SENHOR à ira".*

> **Juízes 2:7-12**

Perceba que os pais falharam em transmitir a seus filhos os ensinamentos, o que fez com que eles se esquecessem do Deus verdadeiro. Se falharmos em ensinar a Palavra as nossas crianças nos seguirá uma geração que nada sabe sobre o nosso Cristo.

Delas é o Reino

> *"Em verdade vos digo que, se não vos converter-*
> *des e não vos fizerdes como crianças, de modo*
> *algum entrareis no Reino dos céus. Portanto,*
> *aquele que se tornar humilde como esta criança,*
> *esse é o maior no Reino dos céus. E qualquer que*
> *receber em meu nome uma criança tal como esta*
> *a mim me recebe. Mas qualquer que escandalizar*
> *um destes pequeninos que creem em mim, melhor*
> *lhe fora que se lhe pendurasse ao pescoço uma mó*
> *de azenha, e se submergisse na profundeza do*
> *mar.*

Mateus 18:3-6

A Bíblia nos mostra que a criança não só é importante para Deus como um exemplo a ser seguido, são simples, humildes e tem facilidade em crer. Levá-las a Cristo não é difícil, precisamos apenas mostrar-lhes a necessidade de salvação e que Jesus, o Filho de Deus é o único caminho, verdade, vida e morreu pelos pecados delas.

Ao falar de Jesus para criança apresente a Palavra de Deus com verdade, sem medo, pois ela vai entender e desfrutar da salvação. Seu coração sincero não terá dificuldades em entender que Deus ama o pecador e tem interesse que ele seja salvo por meio da fé.

Nascidos em pecado

A criança necessita de salvação por um motivo muito simples: "Porque todos pecaram e destituídos estão da glória de Deus" (Romanos 3:23). A criança é pecadora por natureza, é inclinada ao pecado, e por isso está separada de Deus como qualquer um de nós, mas pode religar-se a Ele por meio de Cristo.

O homem quando nasce, nasce no pecado como já falamos e a consequência de uma vida de pecado é a separação de Deus e, por conseguinte a morte. As crianças devem saber que o pecado as levará a morte eterna, porque o pecado não agrada a Deus.

É preciso falar deste amor com cuidado, mas com verdade, levando a conhecer o propósito da morte de expiatória de Jesus. E porque ele teve que morrer por toda humanidade sem fazer acepção de pessoas, de maneira a incluí-la em seu Reino.

Ao mostrar a criança o plano de Salvação deve ensinar-se também que a morte e ressurreição de Jesus, foi suficiente para satisfazer a justiça de Deus e não precisamos pagar nada por esta salvação porque Jesus já pagou o preço por todos nós.

Ela também precisa saber que agora tem seu nome escrito no Livro da Vida e poderá se sentir segura porque passou a fazer parte da família de Deus e quando deixar esse mundo morará no céu eternamente. Glória a Deus!

Explicando o plano de salvação

Há muitos métodos que podemos usar para evangelizar a criança, materiais que vão auxiliar o professor nesta tarefa: livro sem palavras, figuras com desenhos, cartões com versículos, folhetos infantis, histórias da Bíblia, corinhos, fantoches, são uma infinidade de recursos que estão a nossa disposição.

O mais importante é que o professor dê o seu melhor orando e buscando de Deus a capacidade necessária para levá--las até Cristo. Sempre é bom que o professor ajude a criança a confessar Jesus como seu único e suficiente salvador fazendo uma oração para que ela repita.

É de muito valor que o professor ou aquele que está falando de Jesus para as crianças reveja com a criança a necessidade da salvação, o porquê de ela ter que aceitar a Cristo e para isso explique bem a Palavra nesse sentido, para que ela saiba que essa é uma decisão muito importante.

Outro ponto importante é convidá-la a ir a frente para que todos orem por ela, se necessário vá junto para que não se sinta constrangida e a chame pelo seu nome. Em seguida ela pode ser levada a outro lugar separado e que as outras crianças que já fazem parte da igreja a cumprimentem com um caloroso abraço para que assim ela se sinta feliz por ser parte da família de Deus.

Após isso não se esqueça de incluí-la nas atividades da igreja para que ela cresça espiritualmente e se envolva com os demais membros daquela congregação, uma das propostas é convidá-la a participar do coral Infantil.

Professor, leia com cuidado o capítulo 18 de Mateus e receba toda capacitação e conhecimento que precisa a respeito da salvação das crianças. Que o Senhor o use poderosamente para que essa nova geração de crianças conheça a Palavra de Deus e especialmente conheça e se relacione com a pessoa de Jesus.

Que Deus o capacite a ser um ganhador de almas para seu Reino e que você receba uma herança de meninos e meninas comprometidos com Cristo e com sua Obra. Deus os abençoe!

CAPÍTULO 9

Discipulando a criança

"Portanto, ide, ensinai todas as nações, batizando-as em nome do Pai, e do Filho, e do Espírito Santo; ensinando-as a guardar todas as coisas que eu vos tenho mandado; e eis que eu estou convosco todos os dias, até à consumação dos séculos".

Mateus 28:19-20

O mandamento do Senhor é claro e não inclui apenas o "ir e pregar" como também o "fazer discípulos", isso fala de um esforço a ser empregado a ensinar os novos nascidos princípios elementares da Palavra de Deus. E quando se trata das crianças não deve ser diferente, precisamos dar continuidade ao processo de torná-las discípulas do Senhor e isso deve ser feito de forma comprometida e prática.

A primeira providência é incluí-la nas atividades voltadas para sua faixa etária, e em seguida acompanhá-la regularmente, pois dependendo da idade elas vão começar fazendo perguntas a respeito da igreja, de Jesus, do Espírito Santo e de Deus. Fará perguntas como: O que é pecado? Como Deus castiga o pecador? Como posso fazer para não pecar?

Estas questões vão sempre estar na cabeça da criança e o professor deve estar preparado para respondê-las com base na Palavra de Deus. A criança também pode ter dúvida em seu coração a respeito de se realmente é salva, o que aconteceu com Jesus depois que ele morreu ou onde Ele está agora. Toda e qualquer pergunta necessita ser respeitada e respondida, pois fazem parte do fortalecimento da fé.

Outro ponto muito importante a ser ensinado às crianças é a oração. Através da oração o professor ensina a criança a ser agradecido a Deus por seu amor e perdão e por todas as bênçãos que Ele as concede. Comece orando, mas estimule-as a usar suas próprias palavras. Mostre aos pequeninos que a amizade com Deus por meio da oração é um presente maravilhoso.

O professor deve igualmente incentivar a criança a conhecer a Palavra de Deus, mostrar que ela é o maior tesouro que temos a nossa disposição e que nela está tudo que precisamos conhecer e aprender sobre Deus. Ajude-os a manejá-la e encontrar nela fonte sabedoria e força para vencer o pecado.

Ensinamento prático

É muito importante que os ensinos que forem ministrados às crianças tenham um sólido embasamento bíblico, mas que também sejam práticos. Que elas possam entendê-los e aplicá-los em sua vida cotidiana. Para isso dê exemplos e busque integrá-la à Palavra de Deus. Repita bastante os versículos bíblicos e as encoraje a repetir e memorizar.

Professor busque recursos que possam ajudá-lo neste trabalho, como fantoches e gravuras. À medida que a criança vai se sentindo mais confiante, ela será capaz de ler o versículo na própria Bíblia e não apenas visual, mas ainda que ela não tenha total destreza com a Palavra não deixe de encorajá-la a conhecer.

Ensine também a criança e ao adolescente a memorizar os versículos bíblicos, isso fará com que eles se sintam importantes e desafiados, você pode até mesmo dar uma lembrancinha para estimulá-los. O mais importante é que posta sob uma situação de conflito, eles possam aplicar as verdades bíblicas aprendidas.

A importância da Adoração

E o louvor? É muito importante que seu discípulo esteja envolvido no departamento de louvor na igreja, convide-o a participar do coral infantil ou do ministério musical, anime-o a cantar e adorar a Deus por meio da música.

A música é um instrumento tremendo de evangelização, ajuda na desenvoltura, na formação da personalidade, mas, sobretudo faz parte do dom que Deus deu aos pequenos. Que lindo é quando as crianças estão louvando ao Senhor, pois como diz a Bíblia:

"E disseram-lhe: Ouves o que estes dizem? E Jesus lhes disse: Sim; nunca lestes: Pela boca dos meninos e das criancinhas de peito tiraste o perfeito louvor?"

Mateus 21:16

As crianças nasceram para adorar, mas tenha cuidado com as canções, algumas são apenas para movimentar a criançada, é importante que tenham um bom conteúdo bíblico e que demonstrem realmente a importância da adoração ao Senhor.

Outro ponto que devemos abordar é a excelência, não é porque são crianças que não precisam dar o que tem de melhor para Deus. Infelizmente nossas crianças estão sendo influenciadas a fazerem as coisas para Deus de qualquer maneira e não existe nada mais prejudicial para elas do que serem incentivadas à mediocridade.

Elas precisam receber o melhor e assim serão também estimuladas a fazer o seu melhor. Colabore para que o departamento infantil da sua igreja reflita o valor que há nas crianças. Não deixe que elas sejam relegadas a segundo plano, nem que tenham na igreja um lugar onde qualquer padrão de serviço e comportamento é aceito.

Deus nos chamou para este ministério para fazermos a diferença e não para sermos influenciados a fazer o que o mundo faz. Acredite em seu ministério, acredite em seu chamado e tenha cuidado em selecionar os recursos adequados e especialmente as canções que reflitam a seriedade do que se está pregando.

Faço parte do ministério Infantil há mais de trinta anos e tenho visto alguns padrões invertidos, precisamos ser muito zelosos com o que Deus nos confiou, os fundamentos lançados na infância perdurarão por toda a vida, por isso é tão importante buscar em Deus tudo o que será entregue às nossas crianças.

Respeito à faixa etária

Seria muito importante que os corinhos sejam colocados de acordo à idade da criança. Na escola Dominical temos várias classes com idades diversas e cada uma delas deve ser adaptada à fase que se pretende alcançar e as canções devem seguir esse mesmo padrão.

Procure cânticos relacionados ao contexto e de fácil memorização, pois quando falamos em discipulado estamos lidando com alguém que não tem ainda muito embasamento nem intimidade com determinados termos e conceitos.

Nesse quesito, é importante também levar em conta não só o conteúdo, mas a melodia das canções propostas, se não tem muitas notas difíceis de serem entoadas, se o hino não faz muitas voltas se tornando inacessível até mesmo para o professor.

Em suma, é essencial que haja dedicação, carinho, responsabilidade e muita graça da parte de Deus, pois desse modo todo esforço em ensinar o caminho de Deus aos pequenos será bem sucedido.

Não desista do ministério infantil, tenho certeza que o Senhor irá capacitá-lo, busque a Deus diligentemente e encontrará força, destreza e capacidade para realizar esse trabalho lindo e que agrada tanto o coração de Deus.

Em todo tempo trabalhando com crianças e adolescentes enfrentei muitos desafios e acredite que ainda enfrento. Mas o Espírito Santo me ajudou e continua me ajudando a vencer esses desafios. Você verá que durante sua trajetória Deus sempre dará estratégias para trabalhar para Ele.

CAPÍTULO 10

Encare o desafio

"Mas esforçai-vos, e não desfaleçam as vossas mãos, porque a vossa obra tem uma recompense".

2 Crônicas 15:7

"- Não sou um robô sou uma pessoa que tem sentimentos, estou cansada de continuar passando por isto ou aquilo não vou continuar neste ministério... eu desisto!"

Quantos de nós já falamos estas frases, não é mesmo? Muitas vezes pensamos em parar porque os problemas são muitos. Temos problemas na família, com amigos, no trabalho, na escola, na faculdade, financeiros, pessoais, espirituais, conjugais etc. Se fomos escrever todos os problemas que enfrentamos a lista seria longa.

No entanto, precisamos lembrar que há meios de vencer estes desafios da vida e enfrentá-los com a graça que Deus concede a todo aquele que se entrega sem reservas à sua vontade, e sobre isso gostaria de discorrer durante esse capítulo.

Lembro-me uma época que fui enviada para trabalhar em uma cidade pequena no estado de Minas Gerais. Eu estava com a idade de vinte um anos, era bem jovem e fui para trabalhar com ministério infantil naquela cidade.

Lembro-me que por ser jovem tinha muita força e vontade para fazer a obra do Senhor, estava disposta a levar o Evangelho para aquelas crianças, como também alcançar as famílias para Cristo. Eu saía para a roça convidando os pequenos para participar da classe de boas novas.

Uma vida de renúncias

Era um trabalho desafiador, pois caminhava vários quilômetros batendo de porta em porta, e muitas vezes sem qualquer resultado satisfatório. Voltava para casa cansada, com sede e com fome e sem ver muito fruto em meu trabalho. Apesar do interesse de algumas crianças, havia resistência por parte dos pais.

Não foram poucas as vezes que os pais diziam que enviariam seus filhos se os fosse buscar, mas quando eu chegava em suas casas eles faziam de conta que não estavam, não atendiam e lá voltava eu debaixo do sol escaldante.

Os problemas na vida de um professor são muitos, a falta de amigos, de companheirismo, as invejas e ciúmes. A maior parte desses problemas tem a ver com relacionamentos e pessoas, mas também existe uma investida maligna, pois o diabo trabalha incansavelmente para que as crianças não conheçam e caminhem com o Senhor.

Jesus uma vez disse que neste mundo passaríamos por muitas aflições, mas que deveríamos ter bom ânimo, pois Ele havia vencido o mundo (Vide João 16: 33). Por isso, quero encorajá-lo a continuar crendo, mesmo que ao obedecer ao chamado você precise deixar para trás toda uma estrutura, pais, amigos e familiares, como no meu caso, pois nada disso é em vão e todas as lutas que enfrentamos renderão em glória e louvor a Deus.

Um trabalho fundamentalmente espiritual

Precisamos entender a seriedade do que fazemos, pois uma criança que recebe Jesus é um canal poderoso apara alcançar sua família. Por isso é fundamental estar preparado não só naturalmente, mas espiritualmente para discernir as diversas situações que se apresentam a nós e vencê-las na força que Deus dá.

Quando as dificuldades aparecem em nossas vidas nós tentamos resolver à nossa maneira, por isso procuramos uma solução e agimos em cima do problema. No entanto existem soluções que podem parecer muito úteis, mas podem ser erradas e com isso atrapalhar a solução de Deus. Por isso antes de tentar resolver, ore a Deus.

Estes problemas podem ser de natureza material ou espiritual e todos nós estamos passíveis de enfrentá-los em algum momento da vida e ministério. Mas a maneira mais sábia e eficaz de resolvê-los sempre será buscar em Deus uma resposta.

Temos uma forte tendência a esperar demais nas pessoas, buscar nelas uma solução para o que estamos passando, e em muitas situações elas podem ser um grande alívio, mas somente no Senhor reside o poder para sanar qualquer situação. Veja o que o salmista nos ensina:

> ***"Deus é o nosso refúgio e fortaleza, socorro bem-presente na angústia. Pelo que não temeremos, ainda que a terra se mude, e ainda que os montes se transportem para o meio dos mares. Ainda que as águas rujam e se perturbem, ainda que os montes se abalem pela sua braveza."***
>
> **Salmos 46:1-3**

Faça como muitos homens de Deus fizeram ao longo da história e creia naquele que é capaz de dar todas as respostas às angústias do coração humano. Exponha para Deus seu problema, conte para Ele sua dor e é certo que o alívio virá. No entanto, cuide para não se tornar uma pessoa egocêntrica e egoísta, que fica orbitando em volta dos seus problemas.

Vejo apenas orações carregadas de "eu quero", "eu preciso". Como eu disse não há nada errado em pedir, necessitamos expor tudo a Ele, fazer "conhecidas diante de Deus nossas petições" (Vide Filipenses 4:6), sem, contudo, centrar todas as nossas orações em nós mesmos.

Você já parou para pensar que às vezes chegamos a pensar que sofremos mais que as outras pessoas? Esse tipo de pensamento tem dois erros graves, em primeiro lugar não compreende que existem pessoas com muito mais necessidades e, além disso, não é centrado em Deus, mas em problemas que nada representam diante da grandeza do Deus que servimos:

"Eis que eu sou o Senhor, o Deus de toda a carne; acaso haveria alguma coisa demasiado difícil para mim?"

Jeremias 32:27

Somos limitados em perceber as situações, não buscamos ver pelo ponto de vista de Deus e ficamos presos ao nosso ponto de vista, à maneira que queremos ver. Acredite já passei por isto, quando estava sendo egoísta em minhas orações vendo apenas meus problemas no ministério não cheguei a lugar algum e muito menos a uma solução.

Com o passar dos anos tenho aprendido no meu ministério que as dificuldades e problemas servem de experiências para a vida, e que podemos contar com o Senhor em todos eles. As pessoas podem facilmente falhar em nos "socorrer", mas Ele jamais. Por isso o encorajo a fazer um proposito com Deus e com sua Palavra.

O professor que busca a Deus passa a ter mais experiência com Ele, sua intimidade com Deus é única porque ele não necessita viver só da teoria ou do que outros passaram, mas passa a ter suas próprias experiências na obra. Não estou dizendo que os conselhos de outros não são eficazes para nosso ensino, mas o obreiro necessita ser ele mesmo provado e aprovado por Deus por meio de suas próprias vivências.

Recebendo Estratégia

Se observarmos na Bíblia veremos que todos aqueles que estavam a serviços da obra de Deus, tiveram suas experiências com Deus e foram aprovados por Ele. E veremos também que aqueles que tiveram êxito em suas batalhas tinham uma profunda intimidade com Deus, desenvolvida por meio da oração.

A oração é esse lugar onde falamos, somos ouvidos e também ouvimos. Na vida de oração recebemos estratégias para lutar nossas batalhas diárias, ali é onde lançamos nossas pesadas cargas e tomamos sobre nós o "fardo leve" e o "jugo suave" do Senhor (Vide Mateus 11: 30).

Um relato bíblico de que gosto muito e penso retrata muito bem a estratégia de Deus dada por intermédio da oração é a história de Ester. Essa sábia mulher venceu seus inimigos pelo poder do jejum e da oração. Veja:

> **"Vai, e ajunta todos os judeus que se acharem em Susã, e jejuai por mim, e não comais nem bebais por três dias, nem de dia nem de noite, e eu e as minhas moças também assim jejuaremos; e assim irei ter com o rei, ainda que não é segundo a lei; e, perecendo, pereço".**
>
> **Ester 4: 16**

Até aquele momento Ester não havia estado diante de uma situação de tanto perigo, afinal a pessoa que ela haveria de denunciar era alguém de bastante confiança do rei Assuero. Hamã foi exaltado pelo rei, sendo o primeiro acima de todos os príncipes, era um homem importante, por isso era necessário que a rainha tivesse conhecimento do que iria enfrentar.

No entanto, Ester contava com a ajuda e orientação de uma pessoa também muito importante e mais experiente que ela, que a recordou de que era parte daquele povo e portanto, sua vida estava em risco, e que atuar naquele momento ia além de salvar sua própria vida, mas sobretudo alertando a jovem rainha que o Deus a quem ela servia contava com ela naquela situação.

Posso dizer que em minha longa vivência atuando no ministério infantil e, sobretudo servindo ao corpo de Cristo, que sempre dei valor à experiência de outros obreiros e isso me fez crescer mais forte para enfrentar os grandes desafios que viriam à frente; dar ouvido aos conselhos me ajudou.

Cada vez que leio a história da rainha Ester aprendo algo novo. Percebo que mesmo sendo rainha, ela demostrou humildade para receber um conselho e fez bom uso de seu poder, convidando a todos que estavam junto dela para orar e buscar a face de Deus, essa é uma característica de um bom líder espiritual.

Foi na oração que ela obteve sua primeira vitória, ela foi ao encontro do Rei dos reis antes de ir ao encontro do rei Assuero e assim seu pedido foi atendido. Veja:

> *"Disse também o rei a Ester, no segundo dia, no banquete do vinho: Qual é a tua petição, rainha Ester? E se te dará. E qual é o teu requerimento? "Até metade do reino se fará."*
>
> *Ester 7: 1-2*

Deus sempre tem uma saída para qualquer situação que estejamos passando no nosso ministério. Por isso, seja sábio, ore, jejue, leia a Palavra, escute a um bom conselho, seja humilde e busque de Deus estratégia para fazer esta obra. Os desafios e lutas virão, momentos em que você sentirá o mar agitado, mas nunca se esqueça de que Jesus sempre estará com você, basta crer e confiar.

Recebendo força na Palavra

Uma coisa que aprendi foi que devemos ler a Bíblia em nossos momentos de silêncio, porque faz bem para nossa alma. Não se trata de tentar adequar a Bíblia ao que pensamos, mas permitir que o Senhor nos ensine e revele sua verdade, pois apenas a verdade é capaz de libertar (Vide João 8:32).

É muito importante que o professor tenha cuidado quando for estudar a Bíblia, não leia apenas um versículo isolado e estude todo o texto, toda história, busque, pesquise, faça cursos de teologia, procure se aperfeiçoar no ministério e sobretudo permita que a Palavra de Deus o confronte, inspire e transforme.

Sobre esse assunto vale dizer que é necessária toda cautela para que o conhecimento das Escrituras não nos conduza à soberba. Tome cuidador para não se sentir mais sábio que seu pastor ou líder, pois Deus não se agrada daqueles que são orgulhosos. Veja:

"...Deus resiste aos soberbos, dá, porém, graça aos humildes".

Tiago 4:6b

Deus está atento a um coração humilde que deseja aprender mais de sua Palavra, e como no versículo que lemos concede graça, capacitação não apenas para o ministério como para a vida, para vencer os desafios que se nos apresentam diariamente.

Tirando o foco dos Problemas

É impressionante que quanto mais olhamos, falamos e pensamos em nossos problemas maiores eles se tornam para nós. Problemas tem essa capacidade de crescer quando recebem lugar de destaque em nossas vidas ao ponto de se tornarem como um grande gigante que não sabemos como enfrentar.

Quando penso em gigante, logo me vem à mente a história de Davi. Aquele garoto não olhou o tamanho do gigante, mas confiou que o Deus a quem servia era maior que aquele gigante a sua frente. Veja:

> *"Então, falou Davi aos homens que estavam com ele, dizendo: Que farão àquele homem que ferir a este filisteu e tirar a afronta de sobre Israel? Quem é, pois, este incircunciso filisteu, para afrontar os exércitos do Deus vivo?"*
>
> *1 Samuel 17:26*

Quanto mais vemos e entendemos Deus, o conhecendo, adorando e fazendo com que seja o centro de nossas vidas, menores se tornam nossos problemas e mais força teremos de enfrenta-los. A ousadia para saber lidar com cada situação é fruto de uma vida centrada em Deus não nos problemas.

Você quer mais benção de Deus para sua vida e seu ministério? Deseja mais sabedoria para lidar com suas dificuldades? Desejas ter mais estratégias de trabalho? Procure ter um momento de silêncio com Deus pela manhã ou até mesmo pela madrugada e busque ao Senhor.

Essa prática de vida vai ajudá-lo a parar de dar "glória" a satanás. Parece chocante, mas tem muito cristão "glorificando" as obras do diabo através da murmuração e do ato de engrandecer seus feitos, como se o próprio Deus não fosse capaz de derrotá-lo apenas com um sopro de sua boca.

Foque em Deus e isso o fará forte e confiante. Saia desse lugar limitante para ver as situações sob o ponto de vista de Deus e perceberá o que Ele é capaz de fazer em sua vida e ministério.

Desfrutando da Verdadeira Riqueza

Quem é que não gostaria de um anel de pedra preciosa? Quem não se sentiria surpreendido de receber um presente assim, não é mesmo? Sinceramente me encanta esse tipo de joia e sempre que as vejo, falo para meu esposo que desejo um dia poder ter algo do tipo.

Não sei exatamente quando terei um anel encravado com uma pedra preciosa, mas sei que possuo o maior tesouro que existe: a Palavra de Deus. Temos ao nosso alcance a maior fonte de riquezas do universo e aquele que deseja ser realmente próspero precisa conhecê-la e deixar-se conhecer por ela.

Não despreze o que Deus fala ao seu coração em seus momentos de meditação, sempre marque o que você leu e escreva em um caderno, essas revelações são como joias de valor inestimável e o ajudarão a vencer os desafios e provações em sua vida e ministério.

Em meus momentos de lutas e desafios muitas vezes me senti uma pessoa sem valor em algo que fazia, mesmo eu estando ali trabalhando para Jesus e obedecendo a seu chamado, sentia que mesmo os que estavam próximos a mim procuravam me intimidar e faziam com que eu tivesse um sentimento de tristeza e angústia.

Eu comecei dando classe de escola bíblica dominical muito cedo como auxiliar da professora da igreja que congregava, até que fui indicada para ser titular daquela pequena sala com três alunos e aceitei de imediato. Estava tão feliz de fazer parte daquele ministério, pois mesmo estando envolvida em outros departamentos da igreja, ensinar para as crianças era o chamado de Deus em minha vida.

Ali comecei lendo a Bíblia e tendo meus momentos de silêncio com o Senhor e Ele começou a me dar estratégias para a classe florescer. Foi tão lindo o que Deus fez naquela época na vida daqueles pequeninos, que de três passamos para trinta crianças. Estava radiante, pois o jejum, a oração e as visitas tinham valido a pena.

Até que uma manhã enquanto estava lecionando na escola dominical, fui chamada por uma professora dizendo que queriam falar comigo a respeito da minha classe. Não sabia o que me esperava, mas em resumo me disseram que eu não poderia mais dar aula na escola dominical porque ainda era muito jovem e que não tinha capacidade para lidar com tantas responsabilidades.

Naquele momento bateu uma angústia e uma tristeza tão grande por saber que aquela pessoa me tratou com um preconceito tão grande e feio. Não entendia como depois de tanto esforço e dedicação me disseram que não era capaz. Fiquei arrasada, mas não respondi uma só palavra àquela professora, que antes tinha crido no meu chamado e me indicado para assumir a sala.

Descobrindo seu Valor para Deus

Eu era muito nova, mas o Senhor me deu maturidade para lidar com aquela situação. Não falei nada, apenas guardei dentro do meu coração o que aquela pessoa me disse e orei. A primeira coisa que fiz foi orar por mim mesma, chorei muito, pois era o que eu amava fazer para o Senhor.

Não pense que por me calar foi difícil superar aquilo, no entanto mais a frente eu fui entender que as decepções e experiências dolorosas eram parte da caminhada. Aprendi que Deus era o único que não nos decepciona e que fomos chamados por Ele e para Ele, por isso podemos vencer os desafios.

Nunca perca de vista que Deus é o dono da obra, Ele quem nos chamou e capacita tanto para realizar sua vontade como para nos fazer vencer os problemas que muitas vezes nos desencorajam no ministério.

Depois de um tempo mudamos de estado e fui viver em outra cidade e ali Deus continuou seu proposito em minha vida a favor de sua obra, pois as promessas de Deus são eternas e nada nem ninguém podem impedir o que Ele quer fazer em nós e por nosso intermédio.

> *"Porque os meus pensamentos não são os vossos pensamentos, nem os vossos caminhos, os meus caminhos, diz o SENHOR. Porque, assim como os céus são mais altos do que a terra, assim são os meus caminhos mais altos do que os vossos caminhos, e os meus pensamentos, mais altos do que os vossos pensamentos."*
>
> *Isaías 55:8,9*

Os pensamentos de Deus são muito maiores que os nossos e Ele sabe que o que passamos hoje terá grande valor lá na frente. Além disso, o Senhor me fez lembrar que Ele mesmo nunca fez qualquer mal a quem quer que seja, no entanto padeceu horrivelmente.

Jesus amou até o fim e assim nós devemos amar. Perdoar é essencial na vida de todo cristão, nunca guarde mágoa de quem quer que seja, apenas perdoe e siga adiante, deixando que Deus o torne cada dia mais parecido com Ele em todo o seu proceder.

> *"De sorte que haja em vós o mesmo sentimento que houve também em Cristo Jesus, 6 que, sendo em forma de Deus, não teve por usurpação ser igual a Deus. Mas aniquilou-se a si mesmo, tomando a forma de servo, fazendo-se semelhante aos homens; e, achado na forma de homem, humilhou-se a si mesmo, sendo obediente até à morte e morte de cruz."*
>
> *Filipenses 2:5-8*

Conclusão

Vimos nessas páginas quão grande amor tem o Senhor tem por suas crianças e de que forma nós adultos, seja no caráter de pais, professores, familiares ou membros do ministério infantil podemos cuidar delas e levá-las a Deus.

Vimos também que não são só amadas, mas chamadas por Ele para manifestar seu Reino na Terra e podemos colaborar para que isso aconteça, sendo uma igreja acolhedora que se interessa pelo desenvolvimento da fé na infância.

Que esse livro possa ter abençoado sua vida, encorajado a olhar para as crianças sob o ponto de vista de Deus e despertado em seus corações um chamado para servi-las e ensiná-las no caminho do Senhor.

Receba força, graça e unção para esse nobre ministério e jamais se esqueça de que Deus conta com você.

Deus os abençoe!

PRIMÍCIAS DEL

Jardín
de Dios

VERONICA PRATES

FORMACIÓN DE PADRES Y LIDERES DE NIÑOS Y ADOLESCENTES

Este material es una convocación para despertarnos sobre la importancia de los niños para en Reino de Dios, pues de una manera muy sencilla pero fundamentada llama los padres, la sociedad y la iglesia a posicionarse para ofrecer a los pequeños una base sólida y rica sobre la cual ellos puedan florecer y desarrollar su pleno potencial en el Señor.

La autora que es pedagoga por formación y absolutamente dedicada a los niños por vocación, instruye a los padres sobre la importancia del culto familiar, y de cómo se puede generar un ambiente de amor y temor al Señor Jesucristo en el hogar, pues solamente así la Palabra ministrada a estos pequeños corazones fructificará y jamás será olvidada.

Igualmente, nos habla sobre el papel de la iglesia, que necesita incluir los niños en sus acciones y programas, les compartiendo instrucción y permitiendo que sean instrumentos en la Casa de Dios. De igual manera los lideres deben delegar la nobilísima tarea de enseñarlos a gente realmente lista y llena del Espíritu Santo.

Otro aspecto importante sobre el papel de la iglesia en la vida de los niños dice respeto a la Escuela Bíblica Dominical, una práctica que está perdiendo en la iglesia moderna, pero está muy presente en la Palabra de Dios desde los tiempos de los profetas, un lugar donde niños y adultos pueden conocer más profundamente las Escrituras y absorber principios éticos, morales y más que todo espirituales que nortearán su vida.

No obstante, no estamos delante de un libro únicamente de deberes, sino frente a una inspiración de que todo esfuerzo buscando aproximar los niños del Señor nos es vano y tiene su recompensa, pues como bien dijo nuestro maestro: "el Reino de los Cielos es de los que son como ellos" (Mateo 19:14).

PRIMICIAS DEL JARDÍN DE DIOS
1ª edicion: 2020
Verônica Prates

Edición final y revisión: Suellen Duarte Costa
Coordinación editorial: Nilce Sousa
Portada, maquetación y diseño gráfico: Marcus Vinicius P. de A. Goes

Organizacion: Cevi Produções / CNPJ 07.856.521/0001-94
ceviproducoes@gmail.com

P912p Prates, Verônica
       Primícias do jardim de Deus : eles sempre estão nos cultos, mas passam despercebidos = Primicias del jardin de Dios : Ellos siempre están en las iglesias, pero suelen pasar desapercibidos / Verônica Prates. – 1. ed. – Caldas Novas-GO : CEVI, 2020.
       133p. , 21 cm

       ISBN: 978-65-5642-009-7

       1. Obras da igreja junto a juventude. 2. Cristianismo. 3. Crianças – formação. 4. Educação infantil – Aspectos religiosos. 5. Treinamento. I. Título. II. Título: Primicias del jardin de Dios : Ellos siempre están en las iglesias, pero suelen pasar desapercibidos.

                                              CDU: 248

Catalogação na publicação por: Onélia Silva Guimarães CRB-14/071

Contactos
Email: Veronica.prates23@gmail.com
Twiter: Prates Oliveira
Instagran: Veronica.prates23
Facebook: Veronica Oliveira Prates

Ellos siempre están en las iglesias, pero suelen pasar desapercibidos

VERONICA PRATES

Biografía

Verônica Prates nació en la ciudad Recife – PE, Brasil, es pedagoga con posgrado en Psicopedagogía, cursando Maestría. Actuó como misionera en Mozambique y en la actualidad es misionera en Argentina junto a su familia.

Dedicación

Este libro es dedicado a las personas que me incentivaron, animándome a poner en palabras escritas algunos conceptos y experiencias que Dios me regaló en este tiempo sirviendo al ministerio, donde tengo el privilegio de actuar junto a los niños del departamento Infantil en la igreja.

Primeramente, dedico este trabajo a mi esposo y Pastor Robson Prates y a mis hijas Nathalia y Naely Prates, igualmente lo dedico a mi querida madre, que siempre creyó en mi llamado a la obra del Señor, así como a mis hermanos y amigos que acreditaron en mi potencial.

Agradezco también a la iglesia de Campinas en la persona del pastor Paulo Freire, que siempre ha orado y cuidado de mi familia en la obra misionera, gracias por sus oraciones y apoyo en esta obra.

Prólogo

"Ellos siempre están en las iglesias,

pero suelen pasar desapercebidos"

Los niños son muy importantes para nosotros y para la iglesia, no se trata de la iglesia de mañana, los niños son la iglesia de hoy y deben ser observados y enseñados a servir y amar a Dios de todo el corazón. Las Escrituras en Proverbios 22:6 dicen "Enseña al niño a seguir fielmente su camino y aunque llegue a anciano no se apartará de él".

El libro "Primicias del Jardín de Dios" es fantástico y va a mostrarle la importancia del niño en la iglesia y en el hogar. La escritora Veronica Prates, cuenta con más de 25 años trabajando con niños y adolescentes en Brasil y Mozambique, posee una visión clara y direccionada por Dios con relación al servicio y la adoración que ellos deben prestar en el Reino de Dios. Actualmente Veronica sirve a Dios como misionera en Argentina donde también administra el departamento Infantil, además de ministrar cursos de formación de profesores para actuar junto al departamento Infanto-juvenil.

Es muy agradable observarla trabajando hasta tarde en la producción de esta obra. El sueño de editar este libro lleva más de 20 años y ella jamás ha desistido. Ya en este momento, donde Dios le concedió la oportunidad de concluir esta obra, se levantaron muchos obstáculos, sin embargo, su confianza en Dios y persistencia hicieron que el Dios del Imposible trabajase a su favor. A Él sea la gloria por siempre.

Mi oración es que muchas vidas sean alcanzadas por intermedio de esta obra, que de igual manera muchos sean orientados por el Espíritu Santo y edificados en la construcción de sus familias y ministerios.

Robson Prates

Resumen

Introdución

Después de años trabajando en la obra del Señor, obedeciendo al llamado de Dios para mi vida, Él me ha dado la oportunidad de escribir este libro. Lo hago por observar en mi trabajo frente al ministerio infantil, cuán importante es que la iglesia ofrezca una estructuración mejorada para atender a las necesidades de los niños.

En primer lugar, debemos tener en mente que los niños, así como nos enseña la Palabra de Dios, necesitan de ser instruidos en los caminos del Señor: *"Enseña al niño a seguir fielmente su camino y aunque llegue a anciano no se apartará de él" (Proverbios 22:06).*

Igual, necesitan saber que son amados e importantes para Dios, de tal manera especiales que nuestro Señor Jesucristo los menciona como ejemplos de integridad espiritual y simplicidad:

"En ese momento los discípulos se acercaron a Jesús, y le preguntaron: ¿Quién es el mayor en el reino de los cielos? Jesús llamó a un niño, lo puso en medio de ellos, y dijo: De cierto les digo, que si ustedes no cambian y se vuelven como niños, no entrarán en el reino de los cielos. Así que, cualquiera que se humilla como este niño es el mayor en el reino de los cielos; y cualquiera que recibe en mi nombre a un niño como éste, me recibe a mí".

Mateo 18:1-5

En otra ocasión observamos que algunos niños deseaban aproximarse del Señor Jesús, pero los discípulos los estaban impidiendo, que los hizo ser severamente advertidos por el Maestro. Vea:

> ***"Llevaron unos niños a Jesús para que los tocara, pero los discípulos reprendieron a quienes los habían llevado. Al ver esto, Jesús se indignó y les dijo: Dejen que los niños se acerquen a mí. No se lo impidan, porque el reino de Dios es de los que son como ellos. De cierto les digo que el que no reciba el reino de Dios como un niño, no entrará en él. Entonces Jesús tomó a los niños en sus brazos, puso sus manos sobre ellos, y los bendijo".***
>
> ***Marcos 10:13-16***

En el texto vimos cómo es importante que la iglesia y especialmente sus líderes acojan a los chicos, pues no hacerlo es actuar como los discípulos que no permitían el acceso al Maestro. Debemos ser los que acercan jamás los que impiden. Los niños son parte de la Iglesia de Dios y son el futuro de esta misma iglesia. ¿Qué estamos haciendo para acercarles del Señor?

No es suficiente tener cariño y cuidado, debemos reservarles un lugar especial en la iglesia, eso tiene que ver con proporcionarles un ambiente donde siéntanse cuidados y donde so sean meros espectadores de los servicios, sino miembros activos y usados por el Señor, pues Dios también cuenta con ellos para trabajar en esta gran mies:

"Les dijo: Ciertamente, es mucha la mies, pero son pocos los segadores. Por tanto, pidan al Señor de la mies que envíe segadores a cosechar la mies.".

Lucas 10:2

Vemos que muchos de los grandes predicadores presentados a lo largo de la historia de la iglesia fueron llamados aun en la niñez y crecieron bajo el temor del Señor. Vea el ejemplo de Timoteo, a quien el Apóstol Pablo denomina su hijo en la fe:

"Pues me viene a la memoria la fe sincera que hay en ti, la cual habitó primero en tu abuela Loida, y en tu madre Eunice, y estoy seguro que habita en ti también".

2 Timoteo 1:5

Muchos de estos hombres que hicieron historia empezaron en los bancos de las iglesias participando de la Escuela Dominical, oyendo la Palabra de Dios en sus hogares y recibiendo instrucción en el camino de justicia, prácticas de la niñez que hicieron diferencia en su vida adulta.

La relación de la iglesia con el niño es imprescindible y poderosa en la expansión del Reino de Dios, cuando bien estructurada y apoyada espiritualmente veremos la maravilla de Dios revelada en la vida de una y otro. A la vez que, se actuarnos con negligencia y no les concedernos oportunidades para que se expresen en la casa de Dios, veremos la ruina de los talentos que podrían ser usados por Dios.

La Biblia nos trae varios ejemplos de personas llamadas aun en la niñez, Samuel es uno de los más emblemáticos. En un tiempo donde los sacerdotes se veían corrompidos fue a un niño Dios re reveló y compartió sus planes y propósitos para toda la nación.

Esta puede ser una realidad para nuestros días, basta que haya alguien dispuesto a conducirlos para a cumplir una gran obra. Recuerda que Dios tiene un plan para todos los niños:

> *"Los hijos son un regalo del Señor; los frutos del vientre son nuestra recompensa. Los hijos que nos nacen en nuestra juventud son como flechas en manos de un guerrero. ¡Dichoso aquél que llena su aljaba con muchas de estas flechas! No tendrá de qué avergonzarse cuando se defienda ante sus enemigos.".*

> *Salmos 127:3-5*

CAPITULO 1

Todo empieza en el hogar

"Ese hombre es como un árbol plantado junto a los arroyos; echa sus raíces junto a las corrientes, y no se da cuenta cuando llega el calor; sus hojas siempre están verdes, y en los años de sequía no se marchita ni deja de dar fruto".

Jeremías 17:8

Deseo empezar este capítulo escribiendo sobre la importancia del culto familiar y les contaré un poco de mi propio testimonio y de cómo los cultos en mi hogar hicieron la diferencia en mi vida y de mis hermanos. No obstante, antes me gustaría dedicar algunas palabras sobre una enseñanza bíblica muy propicia para ese tema.

El pretil espiritual

"Cuando construyas una casa nueva, hazla con un pretil en la azotea para que, si alguien llegara a caerse y se muriera, no eches sobre tu casa la culpa de esa muerte".

Deuteronomio 22:8

La Biblia relata en el versículo de arriba que Moisés orientó al pueblo hacer un tipo de parapeto en la azotea de sus casas para que nadie cayera ni muriera. En aquel tiempo los tejados de las casas servían como terraza, un espacio donde las familias se reunían en comunión, así para garantizar la seguridad, especialmente de los más pequeños, era imprescindible que los dueños hiciesen esta protección.

Se trata de una indicación natural que puede ser plenamente aplicada a lo espiritual. Nosotros, los padres, necesitamos urgentemente edificar este pretil espiritual en nuestros hogares, una defensa para nuestros hijos como la que ofrece el culto familiar. Es una costumbre que además de unir la familia, genera un ambiente de cuidado y protección donde el niño crecerá con temor, amor y respeto a la Palabra de Dios.

La Biblia es una inagotable fuente de vida y ayudará al niño crecer en la gracia y conocimiento y cuando lleguen las luchas de la adolescencia, las adversidades y desafíos de la madurez, la persona que fue enseñada en su hogar cuando niño no abandonará al Señor pues sus raíces fueron regadas con la Palabra de Dios y la oración de sus padres.

Una vida de devoción

Mi padre siempre tenía la preocupación de, antes de salir a su trabajo, reunir a todos sus hijos y realizar un culto familiar. Nosotros leíamos la Biblia, entonábamos himnos y después mi padre nos pedía que leyésemos un capítulo. Allí nosotros éramos enseñados y sentíamos la presencia de Dios en nuestras vidas.

Hoy en día, cuando recuerdo de cuán importante fue el fundamento plantado en mi corazón, percibo que la dedicación de mis padres tuvo un resultado maravilloso. Sus nueve hijos hoy están casados y sirven al Señor.

El problema es que el trajín diario viene causando un efecto muy negativo a las familias. La era tecnológica hizo con que muchos padres se acerquen de lo virtual, pero se alejan de sus familias reales. Muchos salen a su trabajo y vuelven agotados y desanimados pasando más tiempo en sus smartphones y teles, no dedicando tiempo para orar ni leer la Palabra con su familia.

Así sus hijos van creciendo sin la protección del pretil y sufren caídas serísimas a lo largo de la vida, los que por misericordia de Dios permanecen en el buen camino, precisarán tratar con una serie de desórdenes emocionales y hasta espirituales por no haber sido cuidados y protegidos por sus padres en la niñez.

Iglesia, la suma de familias

La iglesia del Señor no es otra cosa que la suma de familias, que a su vez hace parte de la sociedad. Fueron mis padres que me ayudaron a ser reverente a la Palabra de Dios y respetar su casa. Mis padres construyeron este parapeto, que me dio la seguridad de ser parte de una familia dentro de mi casa y en la iglesia.

Si andamos en la luz seremos salvos, Dios por medio de su Palabra nos ha prometido. La Palabra tiene el poder para convencer al hombre de sus pecados, haciéndolo una nueva criatura. Esta salvación también es para los niños y adolescentes, por quienes el Señor Jesucristo derramó su sangre.

No podemos perder de vista que Dios tiene un propósito en la vida de nuestros hijos, basta que organicemos nuestro tiempo para dedicar mayor atención en la construcción de este pretil espiritual, para haya salvación en nuestro hogar.

Hoy en día, muchas profesoras de la Escuela Dominical enfrentan obstáculos con algunos niños, pues son malcriados, no respetan la casa de Dios ni las profesoras, desconocen reglas y quiere portarse en la iglesia exactamente como en sus casas. Hay también los juveniles que no tienen cualquier compromiso con la Palabra de Dios y desprecian las enseñanzas, portándose de manera ignorante y orgullosa.

No obstante, lo más triste es que cuando la profesora o el pastor advierten a eses niños, ellos se resienten y van a contar a sus padres que a la vez apoyan los errores de sus hijos. Esta situación es la manifestación clásica de una casa donde no hay pretil espiritual.

Estos mismos padres cuyos hijos no conocen límites piensan que actuando así van a tener el respeto y amor de ellos, pero sucede justamente lo contrario. Él que se niega a corregir los errores de sus hijos no les están amando verdaderamente:

> *"El Señor corrige al que ama como lo hace el padre con su hijo amado.".*

> *Proverbios 3:12*

Sepan que presentaremos nuestros hijos delante del Señor en aquel gran día. Pues como nos enseña la Palabra, ellos son "Regalo de Dios" (Sl. 127) y antes de ser nuestros pertenecen al propio Dios, nos toca enseñarlos bajo el temor del Señor, para que cuando crezcan no se olviden de sus leyes.

> *"Hijo mío, no te olvides de mi ley; guarda en tu corazón mis mandamientos. Ellos prolongarán los años de tu vida y te traerán abundante paz".*

> *Proverbios 3:1-2*

El seno de formación del carácter

La familia, sin duda, es parte primordial del individuo, es la más importante fuente de formación e información en los primeros años de vida. Es en la familia donde todo empieza, donde se desarrolla nuestro mundo interior, es el experimento de vida y de la construcción del ser, es el escenario del éxito o de la derrota.

El hogar es el comienzo de todo, incluso de la iglesia. Es dentro de la casa donde se propiciará al niño crecer académica y espiritualmente. Por eso, aquellos a quienes Dios concedió la gracia de tener hijos deben buscar en Él la sabiduría necesaria para ser un instrumento de bendición. Pues la propia Biblia nos muestra que hubo hombres que fueron grandemente usados por Dios, no obstante, se precipitaron en la educación de sus hijos.

El fracaso de Elí

¿Ya leíste la historia del Sacerdote Elí? Este hombre mismo viendo que sus hijos no respetaban la casa de Dios y se portaban de manera irreverente en el momento del sacrificio, no actuó como debería. Elí fue un padre negligente, pues no reprendía las malas actitudes de sus hijos, no les instruyó como era su deber y su irresponsabilidad resultó una tragedia, él pago un precio de muerte. Vea por sí mismo una porción de esta triste trayectoria:

"Pero ese mismo día uno de los descendientes de Benjamín salió corriendo de la batalla y llegó a Silo. Llevaba rasgada la ropa, y su cabeza estaba cubierta de tierra. Cuando llegó, Elí estaba en una silla vigilando el camino, pues estaba muy acongojado porque se habían llevado el arca de Dios. Cuando aquel hombre llegó a la ciudad, y contó lo que había pasado en la batalla, toda la ciudad se puso a gritar. Elí oyó la gritería, y preguntó: ¿Por qué hay tanto alboroto? Aquel hombre fue y le dio la noticia. Elí tenía noventa y ocho años, y la vista se le había apagado, así que ya no podía ver. Y ésta fue la noticia que recibió: Vengo de pelear contra los filisteos, pero logré escapar. Y Elí preguntó: ¿Qué fue lo que pasó, hijo mío? Y el mensajero le respondió: Los soldados de Israel fueron vencidos, y huyeron de los filisteos. Hubo muchos muertos entre el pueblo, entre ellos tus dos hijos, Jofní y Finés. Además, los filisteos se llevaron el arca de Dios. Cuando el hombre dijo que el arca de Dios había sido capturada, Elí se fue de espaldas y se cayó de la silla, cerca de la entrada del templo, y se desnucó y murió, pues ya era viejo y estaba pesado. Durante cuarenta años había gobernado al pueblo de Israel. Su nuera, la mujer de Finés, estaba encinta y cercana al parto, y cuando oyó que el arca de Dios había sido capturada, y que su suegro y su marido habían muer-

to, se impresionó tanto que le vinieron los dolores de un parto mortal, y allí mismo dio a luz. Poco antes de morir, las parteras le dijeron: Ten ánimo, pues has dado a luz un niño. Pero ella no respondió, ni se dio por enterada. Pero al niño le puso por nombre Icabod,[a] pues dijo: ¡La gloria de Israel ha sido deshonrada!, porque el arca de Dios había sido capturada, y su suegro y su marido habían muerto. Por eso dijo: La gloria de Israel ha sido deshonrada, pues han capturado el arca de Dios".

1 Samuel 4:12-22

El fracaso de un padre en instruir sus hijos arruinó no solo a su familia sino toda la nación. La historia de este hombre es una gran alerta para nosotros, para que no permitamos que el enemigo quite del corazón de nuestros hijos la dignidad y respeto a Dios. Necesitamos enseñarlos a escuchar la voz de Dios y principalmente ser ejemplo, luchando por nuestras familias y hacer todo lo posible para que ellos, así como nosotros, amen al Señor más que todo.

La ausencia de David

David fue un hombre valiente, luchó en contra un gigante, venció batallas y guerras, era un hombre que estaba presente en el frente de batalla, no obstante, era ausente en la educación de sus hijos. Cuantas lagrimas David podría haber evitado se separase apenas un momento para estar presente en la vida de sus hijos.

Infelizmente, muchos padres ya no se comunican con su familia, no tienen tiempo para escuchar sus hijos, no están presentes en las luchas diarias y los pierden por actitudes pequeñas. Sepa que unos pocos minutos separados para la familia puede hacer grande diferencia en el futuro de ellos.

No hay nada más importante que la presencia de Jesucristo en la familia. Dedicar diez minutos, que sea, para realizar un culto familiar marcará la vida del niño, pues este crecerá conociendo el camino de salvación. Jamás se olvide que la iglesia empieza en el hogar, nuestro culto racional debe ser preparado en nuestra casa en primer lugar, para después irnos a la casa del Señor ofrecerle adoración.

No permita que ninguna marca de pena, odio, desilusión o falta de perdón invada a su familia. Cultive la presencia del Señor en su hogar y lo mantenga como su hospede principal y verá como todo te saldrá bien.

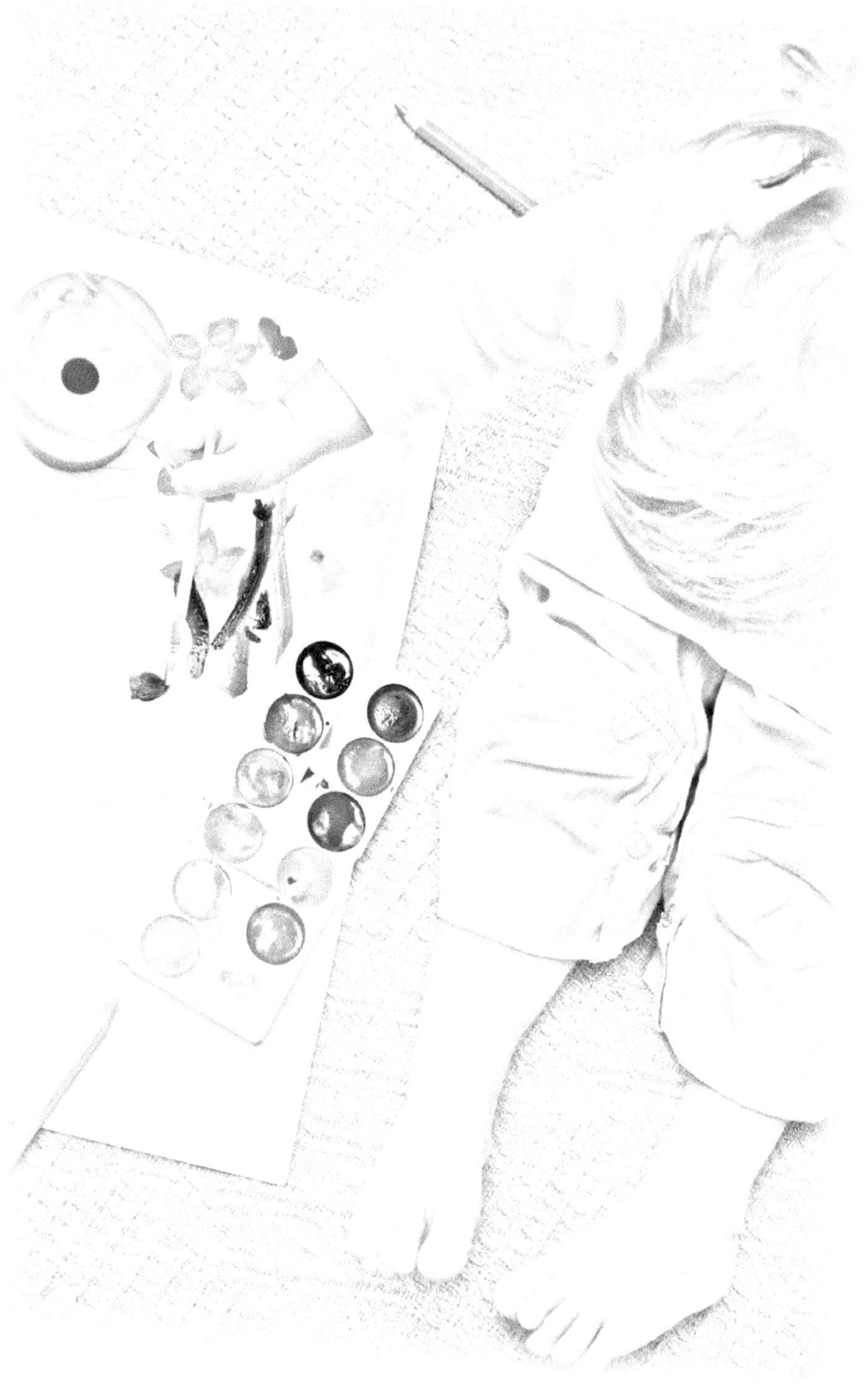

CAPITULO 2

El desarrollo infantil

Entender los niños no es una tarea fácil y requiere paciencia, comprensión y amor por parte de los padres, profesores o de cualquier uno dedicado a cuidarlas y colaborar con su desarrollo. Nuestro Maestro nos enseña a todo momento a ser longánimos y a actuar con amor hacia nuestros semejantes.

Jesús era de tal manera movido por el amor que muchas veces no hacía caso si las preguntas que les hacían eran genuinas o tan solo para experimentarlo o provocarlo, siempre hubo paciencia en sus palabras y amor en sus ojos. Lo digo pues muchas veces somos intolerantes con los cuestionamientos infantiles y endurecidos terminamos por perjudicar el desenvolvimiento de nuestros hijos, alumnos etc.

Generación Conectada

Otro punto que necesitamos considerar es que estamos viviendo en un tiempo completamente distinto de aquel en lo cual crecemos. La tecnología es parte de lo cotidiano y por eso es natural que las informaciones estén más accesibles a todos, incluso a los niños, pero no es algo que debe causar inseguridad ni cualquier malo sentimiento, antes debe estimularnos para buscas constantemente perfeccionamiento y creatividad.

Me recuerdo que en los años 80 cuando empecé a trabajar con niños, para contar una historia usábamos figuras, que ya se consideraba moderno. Qué lindo era ver las caritas curiosas encantadas por aquellas figuras.

Sin embargo, poco tiempo después estas figuras se hicieron obsoletas y empezamos a usar el proyector de diapositivas, retroproyector, y la tecnología ya empezó a ser más frecuente en la iglesia, haciendo con que delante de nosotros se abriera un amplio abanico de recursos para enseñar la Palabra de Dios.

El profesor no puede parar en el tiempo, necesita actualizarse y también ayudar sus alumnos a tener acceso a cosas que ya están siendo olvidadas por mucha gente, como los libros. En estos años he visto que muchos y hasta mismo algunos jóvenes y adultos que ya no se interesan por libros impresos, pues todo se encuentra más fácil por la tecnología.

Observemos que la gran mayoría de los niños manosea muy bien a los smartphones, pero no se pasa lo mismo con la Biblia, que es lo de más importante para su desarrollo espiritual. Nos toca a nosotros los profesores y padres ayudarlos en eso, incentivarlos a conocer y amar la Palabra de Dios. Separe un tiempo para mostrarles cuanta riqueza hay en las páginas de una Biblia de papel y enseñe a sus hijos a llevarla en sus corazones y manos.

Los padres y profesores deben intentar hacer la mejor utilización posible de la tecnología, sin dejar de estimular la creatividad y los conocimientos no disponibles en ese tipo de herramienta. Lo más importante es que no nos esquivemos pues también tenemos a nuestra disposición una infinidad de contenidos e ideas para tornar el aprendizaje más lúdico y eficaz.

Se dedique a enseñar sus hijos y alumnos, no piense que son una generación difícil, ore a Dios, busque alternativas y empiece a ministrar enseñanzas profundas, prácticas y factibles, seguramente tendrá excelentes resultados. No olvides que el improviso puede ser una excelente herramienta, no obstante, es importante que haya una preparación previa.

Una percepción pedagógica

El profesor cristiano debe entender que no está solamente para compartir conocimiento, sino por intermedio de métodos adecuados y la capacitación del Espíritu Santo, crear condiciones necesarias para que sus alumnos aprendan la Palabra de Dios.

En la pedagogía hay cuatro pilares de la educación: aprender a conocer; aprender a hacer; aprender a vivir y aprender a ser. De manera más sencilla es decir que la persona que aprende a conocer va a adquirir competencia necesaria de comprensión, que por otro lado va a ayudarlo a poner por obra el conocimiento que ha recibido.

La práctica de estos conocimientos va a capacitarlo a convivir con otros, compartiendo ideas y cooperando con los demás. También es parte de este proceso la capacidad en tratar con diferentes circunstancias de la vida, sean favorables o adversas.

Al observar los cuatro pilares, vemos que la educación secular tiene su perspectiva, así como la educación cristiana tiene la suya. Sabemos que hay muchas diferencias entre ellas, no obstante, debe movernos aquello que las unifica, que es que sea transformadora.

El conocimiento es parte elementar del aprendizaje y como profesores debemos ser realistas en avaluar nuestro nivel de preparación y conocimiento para ministrar nuestras clases. Es siempre útil observar qué métodos de enseñanza estamos utilizando en las clases bíblicas, a fin de cuentas, estamos formando discípulos, una cosa que no se puede hacer de manera mediocre y sin compromiso.

Es en la Escuela Dominical que el niño va a aprender a tener carácter cristiano y aplicar a su diario vivir todo lo que se le enseña. Desarrollar esta competencia y madurar los conceptos adquiridos con base en la Palabra de Dios hace parte del trabajo bien sucedido del educador. Perciba que la Palabra de Dios nos convoca a ello:

> ***"Hijos míos, acérquense y escúchenme; voy a enseñarles a honrar al Señor."***
>
> ***Salmos 34:11***

El tiempo de aprendizaje

Cada fase del niño se relaciona a un diferente tiempo de aprendizaje y memorización. Muchos estudiosos se dedicaron para intentar entender el desarrollo infantil y en este tema son unánimes en afirmar que para cada edad hay un tiempo para desenvolver las partes cognitivas y psíquicas de los niños.

Este tipo de conocimiento no es útil apenas al profesor regular, pero también a los dirigentes de la Escuela Bíblica y a los padres, que provistos con este entendimiento sabrán como estimular sus hijos en cada una de las diversas fases. El estímulo correcto es capaz de hacer con que los niños puedan adquirir y primorear diversas capacidades de ámbito cognitivo, motor, emocional y social.

Según Jean Piaget, las cuatro etapas cognitivas del desarrollo infantil son:

Fase sensorial motora: comprende el periodo que va del nacimiento hasta cerca de 2 años.

Fase preoperativa: se desarrolla entre 2 a 7 años.

Estado operatorio concreto: abarca niños de 7 a 11 años.

Etapa formal: se inicia alrededor de 11 años adelante.

Conocer estas etapas nos capacita a entender mejor nuestros alumnos y por consecuencia verlos desde una óptica más comprensiva, pues el niño también tiene su propio tiempo de aprendizaje. El aprendizaje es un proceso gradual, así cada fase del desenvolvimiento intelectual prepara el individuo para la próxima etapa.

El punto de partida para el progreso intelectual de una persona es la posición egocéntrica, que es decir que el niño ya tiene la capacidad de distinguirse de otras personas, ya percibe su propia existencia en el mundo. Partiendo de este punto de vista, el profesor seleccionará su clase y buscará temas y métodos adecuados para cada etapa. El conocimiento evita muchos errores en el momento de enseñanza. Vea que la Biblia nos advierte:

"Mi pueblo ha sido destruido porque le faltó conocimiento. Puesto que tú desechaste el conocimiento, yo te desecharé del sacerdocio; puesto que te olvidaste de la ley de tu Dios, también yo me olvidaré de tus hijos".

Oseas 4:6

La Palabra de Dios nos dice que el pueblo comete errores por faltar conocimiento y perciba que en aquel contexto no se estaba refiriendo a errores por ignorancia o falta de acceso, sino por "desechar" el conocer que es algo muy diferente y bastante grave. Por eso, es tan importante que todos los que enseñan estén llenos de la Palabra de Dios y primen por conocer el proceso de desarrollo de los que pretenden instruir.

Sobre este tema abarcamos aquella que será el asunto de nuestras consideraciones en el próximo capítulo: la Escuela Bíblica Dominical. Ella está inserida en un amplio contexto educacional denominado Educación Cristiana y actúa como instrumento de formación y perfeccionamiento del carácter del niño en pleno crecimiento.

CAPITULO 3

La importancia de la Escuela Dominical

"Porque el Señor da la sabiduría; de sus labios brotan conocimiento e inteligencia".

Proverbios 2:6

Estamos delante de unos de los trabajos más importantes de la iglesia. Me recuerdo que fue durante una EBD que mi hermana aceptó al Señor Jesucristo y creo que es en la Escuela Dominical que el niño tendrá la oportunidad de aprender más de la Palabra de Dios y construir fundamentos sólidos sobre los cuales pautará toda su vida cristiana.

Nuestra responsabilidad como padres y profesores es mostrar a todos su importancia y cuales los beneficios que acarrea, especialmente a los niños y adolescentes. La Escuela Dominical no es tan solo una programación positiva, pero también fructífera. Por medio de ella podemos enseñar los niños y adolescentes sobre salvación, ética y valores.

Vivemos un tiempo en que los valores se están olvidando y se hace necesaria una pronta actuación de los profesores en el sentido de infundir en el corazón de los niños y adolescente que, a pesar de la sociedad se encontrar decadente, la Palabra permanece inmutable y la fuente de toda vida y sabiduría. Esta es la verdadera renovación de la mente.

Me recuerdo con mucha alegría de mi profesora de la Escuela Dominical, ella era una mujer admirable pues su amor y empeño era sentido por todos nosotros al llegar a su clase. Su entusiasmo era contagioso y su creatividad estupenda.

Puedo hablar con tanto amor de mi profesora pues sé que el amor que nos dedicaba por cierto provenía del propio Dios. Muchos niños que participaban de la escuela bíblica aun no eran creyentes, no obstante, ella se ocupaba de transmitirles Jesús de una manera sencilla y tan amorosa que era imposible no aceptarlo como Salvador.

Siempre listos

La salvación también debe ser anunciada en la Escuela Dominical y el profesor debe estar listo por medio del ayuno y oración para compartirlo. Por esta razón, digo a todos los que enseñan que son demasiado importantes para la iglesia y para sus alumnos, debiendo honrar este encargo dado por el Señor, pues es cierto que Él los honrará.

Pero, en estos tiempos está sucediendo en las iglesias una cosa que preocupa bastante, veo líderes a quienes poco importa quienes son las personas que están enseñando en la Escuela Dominical. Ponen para esta tarea gente sin cualquier preparo, que no teme a Dios ni su Palabra, que no tiene experiencia con el Señor y busca alcanzar posición para favorecerse.

Lo más triste es que estos líderes no oran ni buscan a Dios para guiarlos. Tengo escuchado que algunas de esas posiciones concedidas son con el objetivo que permanezcan en la iglesia. Que malo es que uno necesite de un cargo para seguir "sirviendo a Dios".

La Escuela Dominical no ocupa la posición de destaque en la mayoría de las iglesias. Si los líderes no valorizan tampoco la gente lo hace, muchos "toman vacaciones" de la Escuela Dominical, pues ya perdieron su compromiso y respeto por la Palabra.

No obstante, la Escuela Dominical necesita urgentemente retomar su lugar de honra, pues proporciona progreso espiritual y por medio de la enseñanza Dios puede revelar sus preceptos y advertencias a la gente, como lo hacía con Adán, a quien se mostraba diariamente en el jardín:

> *"El hombre y su mujer oyeron la voz de Dios el Señor, que iba y venía por el huerto, con el viento del día; entonces corrieron a esconderse entre los árboles del huerto, para huir de la presencia de Dios el Señor. Pero Dios el Señor llamó al hombre y le dijo: ¿Dónde andas? Y él respondió: Oí tu voz en el huerto, y tuve miedo, pues estoy desnudo. Por eso me escondí. Dios le dijo: ¿Y quién te dijo que estás desnudo? ¿Acaso has comido del árbol del que yo te ordené que no comieras?".*

> *Génesis 3:8-11*

Aquel que no conoce la Palabra de Dios y de ella no se alimenta, está sujeto a lo mismo que pasó a Adán y a su mujer, que fueron engañados y perdieron su lugar en el Huerto de Dios. Por eso, necesitamos nos entregar continuamente a las enseñanzas del Señor.

Aptos a Enseñar

Jesús fue el mejor profesor de todos los tiempos, Él usaba varios métodos para enseñar al pueblo conforme la necesidad. Siempre que hablaba de valores, lo hacía por parábolas, que son narrativas imaginadas o verdaderas con el objetivo de transmitir una potente verdad o principio.

Nuestro Maestro usaba palabras de fácil comprensión y era bastante ilustrativo en las cosas que decía, pues en medio de la multitud que lo escuchaba había variados tipos de personas, tanto cultas como menos instruidas, también lo oía gente de diversas edades como niños, adolescentes y jóvenes.

Vemos que Jesús al enseñar buscaba alcanzar los corazones de la gente no apenas atraer sus mentes, deseaba tocarlos de manera profunda y transformadora. Él sabía cómo responder a las inquietudes y contestar sus preguntas, un buen ejemplo está descrito en la aclaración que hizo en la parábola do Sembrador (Véase en Mateo 13).

Un buen profesor también necesita aplicar técnicas de manera adecuada, conocer bien a sus alumnos, así como sus potenciales necesidades, y cuando se trata de adolescentes este empeño debe ser aún más efectivo pues hay una serie de circunstancias y peculiaridades en esta fase.

El adolescente es analítico, crítico y dotado de una buena capacidad intelectual, no obstante, suele ser inseguro y competitivo, por eso se hace imprescindible al profesor mucha paciencia y sensibilidad al enseñarlos.

Estas características tienen que ver con compartir conocimiento, pero especialmente con alcanzar el objetivo principal que es llevarlos a conocer el amor de Dios y los planes que Él tiene para cada uno.

Le pido, querido profesor, que se ponga a estudiar y meditar en Lucas 15 y verá que el mejor y más importante educador de todos los tiempos nos dio su ejemplo para seguir. Busque a Dios, pídale ayuda al Espíritu Santo y recibirá capacitación y seguramente mientras ores Él va a trabajar en el corazón de sus alumnos.

Madurez Espiritual

La Escuela Dominical debe buscar resultado práctico. Lo que se pretende con las enseñanzas es formar personas capaces para hacer la Obra de Dios. Así es necesario que se compartan temas fundamentalmente bíblicos, sanos y que estén orientados a la vida diaria.

Todo lo tratado necesita buscar la madurez espiritual, especialmente al nuevo nacido. Además, se debe tratar a fondo el carácter, la fundamentación y el progreso de la fe, al mismo tiempo que despierta la vocación de los llamados y gana almas para el Reino de Dios.

Por eso, la familia que desea ver sus hijos firmes en el camino del Señor, necesita llevarlos a la Escuela Dominical, pues solamente así crecerán conociendo la Palabra de Dios, en sabiduría y verdad.

Dejando de lado las excusas

"Hijo mío, cumple el mandamiento de tu padre, y no te apartes de la enseñanza de tu madre. Llévalos siempre dentro de tu corazón; pórtalos alrededor de tu cuello. Serán tu guía cuando camines, te protegerán cuando duermas, y te hablarán cuando despiertes. El mandamiento es lámpara, la enseñanza es luz, y las reprensiones son el camino de la vida".

Proverbios 6:20-23

Perciba que el primer verso nos habla "mandamiento de tu padre" y "enseñanza de tu madre". Se trata de una manera de mostrarnos cuán importante es que instruyamos nuestros hijos, que nos portemos como canales por medio de quienes aprenderán los principios de la Palabra y que seamos los primeros a estimularlos a participar de todo que los acerque más de Dios.

Infelizmente "enseñar" es una responsabilidad olvidada por muchos padres en la actualidad. Ya escuché algunos que me dijeron que no envían sus hijos a la Escuela Dominical por pena de despertarlos en los domingos por la mañana ya que lo hacen durante toda la semana.

Esta no una justificativa suficiente, pues no se trata de una actividad sin importancia, sino un investimento que vale la pena, enseñar nuestros hijos a guardar la Palabra de vida es lo mejor que uno puede hacer. La Biblia está llena de enseñanzas de cómo debemos cuidar y dirigir nuestros hijos.

No obstante, infelizmente hoy presenciamos muchas pérdidas en la familia, incluso entre los cristianos cuyos hijos se están perdiendo para el mundo. Tantas lágrimas e incertidumbres. Todo por el orgullo, por no aceptar la ayuda de Dios que por veces viene por medio de sus siervos (pastores, líderes, profesores) empeñados en el cuidado y educación de nuestros hijos.

Nos cerramos en el orgullo pensando que ya sabemos y conocemos todo, cuando en realidad estamos perdiendo las personas que amamos sin solicitar cualquier tipo de ayuda, ni mismo del Señor Jesús. No piense usted que nuestro maestro está ajeno a nuestras necesidades, Él se importa e incluso orientó a sus siervos del pasado que congregasen los niños para instruirlos en la Palabra.

En los siglos pasados hombres y mujeres usados por Dios dedicaron sus vidas para enseñar esta Palabra, y por aceptaren el llamado de Dios sufrieron desprecio y persecución. A pesar de todo, siguieron adelante y hoy tenemos el privilegio de libremente poder reunirnos en la Escuela Dominical. ¡No lo menosprecie!

Libres de la Ignorancia

Más que cualquier otra época, hoy es muy importante que como cristianos, deseemos crecer en el conocimiento bíblico para adquirir más condiciones para enfrentar las adversidades y dificultades que aparecen durante la caminada, pero principalmente para enfrentar el pecado que frecuentemente nos asedia:

> *"Por lo tanto, también nosotros, que tenemos tan grande nube de testigos a nuestro alrededor, liberémonos de todo peso y del pecado que nos asedia, y corramos con paciencia la carrera que tenemos por delante".*

> *Hebreos 12:1*

El pecado está presente en el mundo desde Adán, no obstante, lo que hemos visto es lo que está profetizado por Cristo para los últimos días, el amor se está enfriando y la iniquidad tomando proporciones inimaginables. Precisamos urgentemente nos llenar del conocimiento de Dios para vencer y ayudar nuestros hijos a vencer todo eso. Cristo ya había amonestado los fariseos que sus errores eran por les faltar conocimiento:

"Jesús les respondió: El error de ustedes es que no conocen las Escrituras ni el poder de Dios".

Mateo 22:29

Hoy en día, muchos se están yendo por malos caminos por no tener conocimiento de la Palabra, a semejanza de los fariseos. En el tiempo en que vivimos ya no hay espacio para la pereza espiritual, pues apenas el conocimiento de la Verdad podrá libertar al hombre del poder del pecado: "Y conocerán la verdad, y la verdad los hará libres" (Juan 8:32).

Habiendo entendido todo esto, le pido que se disponga para Dios e sea hoy mismo un alumno de la Escuela Bíblica Dominical, que tengo certeza va a traerle muchos beneficios no apenas aquí, sino en la vida futura que está en Cristo Jesús, nuestro Señor. Traiga a todos y podrá ver por si mismo los beneficios de tener una familia a los pies de la Cruz.

CAPITULO 4

Los niños pertenecen a Dios

"El joven Samuel servía al Señor..."

1 Samuel 3:1a

Al leer la Biblia me encantan los planes de Dios para la vida de cada persona, sea niño, joven o adulto. Cierto es que cada uno que nasce tiene un propósito a cumplir. Se usted tiene cualquier duda sobre su identidad lo invito a leer el Salmo 139, aquí está una pequeña porción:

"Con tus propios ojos viste mi embrión; todos los días de mi vida ya estaban en tu libro; antes de que me formaras, los anotaste, y no faltó uno solo de ellos."

Salmos 139:16

Cuando paseamos por las Escrituras, desde el libro de Génesis observamos la grandiosidad de Dios en la vida de sus siervos. Vea el ejemplo de Abel, que con su corazón puro ofreció a Dios la mejor oferta. El sacrificio de Abel fue tan agradable a los ojos de Dios que es mencionado también por el autor de Hebreos:

> *"Por la fe, Abel ofreció a Dios un sacrificio más aceptable que el de Caín, y por eso fue reconocido como un hombre justo, y Dios aceptó con agrado sus ofrendas. Y aunque Abel está muerto, todavía habla por medio de su fe".*

> *Hebreos 11:4*

Abel prefigura como un ejemplo de fe y amor, de alguien que ofreció a Dios su mejor y debemos enseñarlo a nuestros niños. Los pequeños deben ser estimulados a dar su mejor para Dios, entregarle toda su vida, pues Él se goza en revelarse a ellos en su más tierna edad.

El niño es una herencia y una promesa. Vea que Isaac era promesa y también descendencia de Abraham, pues era por su intermedio que surgiría una posteridad tan numerosa que siquiera podría contabilizarse.

Llamados desde el vientre

Así, entendemos que Isaac recibió su llamado aun antes de nascer y después de crecido, cuando constituyó su propia familia, Dios nuevamente lo prometió una descendencia, que llevaría adelante la promesa hecha a su padre:

"No te preocupes demasiado por causa del niño ni de tu sierva. Hazle caso a Sara en todo lo que te diga, pues por medio de Isaac te vendrá descendencia".

Génesis 21:12

El destino de Isaac estaba sellado por Dios, no obstante, no nos podemos olvidar de su hermano Ismael, para quien Dios también tenía planes, haría de él una grande nación, hecho que se evidencia cuando estuvo a punto de morir en el desierto junto a su madre:

"Pero Dios oyó la voz del niño. Entonces el ángel de Dios llamó a Agar desde el cielo, y le dijo: ¿Qué te pasa, Agar? No tengas miedo, que Dios ha oído la voz del niño ahí donde está. Vamos, levanta al niño y sosténlo de la mano, porque yo haré de él una gran nación".

Génesis 21:17-18

Los hijos de Isaac: Jacob y Esaú, también fueron llamados por Dios y para cada uno de ellos, Él tenía un propósito y una trayectoria específica de vida. José, uno de los hijos de Jacob, tuvo una noble misión: preservar la vida del pueblo elegido, los hebreos. Que gran tarea Dios confió a aquel joven:

"Pero Dios me envió delante de ustedes, para preservar su descendencia en la tierra y para darles vida mediante una gran liberación."

Génesis 45: 07

" Ustedes pensaron hacerme mal, pero Dios cambió todo para bien, para hacer lo que hoy vemos, que es darle vida a mucha gente."

Génesis 50: 20

Otro gran ejemplo de alguien llamado aun en la niñez fue Moisés. Este niño nasció en un tiempo en que el pueblo de Dios estaba siendo duramente perseguido por el Rey del Egipto, no obstante, su madre llena de la sabiduría de lo alto hizo una cesta y lo dejó bajar por las aguas para ser cuidado por la hija de faraón. No se trataba apenas de un bebé, sino del libertador de Israel:

"El clamor de los hijos de Israel ha llegado a mi presencia, y he visto además la opresión con que los egipcios los oprimen. Por lo tanto, ven ahora, que voy a enviarte al faraón para que saques de Egipto a mi pueblo, a los hijos de Israel."

Éxodo 3:9-10

Otro de los grandes hombres que fue elegido en su niñez fue Samuel. Aquel niño era hijo de Ana, una mujer angustiada que decidió ir al templo para orar y llevar hacía Dios su angustia por no poder generar hijos. Dios le concedió el deseo de su corazón y el niño fue creado a los pies del Sacerdote Elí, tornándose un profeta, juez y sacerdote:

"Samuel creció y el Señor estaba con él, y lo respaldaba en todo lo que decía. Y desde Dan hasta Berseba el pueblo de Israel supo que Samuel era un fiel profeta del Señor.".

1 Samuel 3:19-20

David también, un niño alejado de todos, de cierta manera disminuido por su poca edad y por su porte que no parecía ser de un guerrero, sin embargo, Dios ya lo había elegido para ser rey, y aún más, para ser un hombre "según Su corazón", a partir de la descendencia de aquel niño suscitaría el Salvador del mundo.

"Cuando Dios le quitó el trono a Saúl, puso como rey a David, de quien dijo: "Me agrada David, el hijo de Yesé, porque sé que él cumplirá los planes que yo tengo." De acuerdo con su promesa, Dios levantó de la descendencia de David un salvador para Israel, que es Jesús".

Hechos 13:22-23

Ester, nasció y creció en tiempos difíciles para el pueblo de Dios, pero las promesas y propósitos del Señor se cumplieron en su vida en el tiempo cierto, ella fue instrumento de liberación para los hebreos. Una chica sin expectativa, cuidada por su tío, no obstante, grandemente usada para preservar la vida de los judíos.

"Éste mandó a decirle: No creas que tu vida está a salvo en la casa del rey, más que la de cualquier otro judío. Si ahora callas por completo, de alguna otra parte nos vendrá respiro y liberación a los judíos, pero tú y tu familia paterna morirán. ¿Quién sabe si has llegado al reino para un momento así? Ester le envió a Mardoqueo esta respuesta: Ve y reúne a todos los judíos que se hallan en Susa, y ayunen por mí noche y día; no coman ni beban nada durante tres días, que mis doncellas y yo ayunaremos también. Después de eso me

> *presentaré ante el rey, aun cuando eso vaya contra la ley. Y si tengo que morir, ¡pues moriré! Entonces Mardoqueo fue e hizo todo lo que Ester le mandó hacer"*

> *Ester 4:13-17*

Otro potente ejemplo de cómo Dios usa y llama a los niños es Josías, un niño que con apenas ocho años hizo la diferencia mientras reinaba, sacando de la casa de Dios los ídolos y orientando al pueblo de Dios a arrepentirse de sus malos caminos.

> *"Josías tenía ocho años cuando comenzó a reinar, y reinó treinta y un años en Jerusalén. Su madre se llamaba Yedidá hija de Adaías, y era de Boscat. Josías hizo lo recto a los ojos del Señor y se condujo en todo como su antepasado David, sin apartarse un ápice."*

> *2 Reyes 22:1-2*

Cuando Josías tenía dieciséis años buscó al Señor, con veinte purificó toda la ciudad de la idolatría y con veintiséis años inició la reparación de la Casa del Señor. Él era apenas un niño cuando fue llamado, no obstante, cumplió integralmente su propósito de vida.

> *"A los ocho años de su reinado, cuando aún era un jovencito, Josías comenzó a buscar al Dios de David su padre. A los doce años comenzó a limpiar a Judá y a Jerusalén, quitando los lugares altos y las imágenes de Asera, y las esculturas e imáge-*

nes fundidas...A los dieciocho años de su reinado, cuando ya había limpiado el país y el templo, Josías envió a Safán hijo de Azalía, al gobernador de la ciudad Maseías, y al canciller Yoaj hijo de Joacaz, a que repararan el templo del Señor su Dios".

2 Crónicas 34: 3,8

El resultado de la fidelidad de Josías hizo con que el pueblo no se apartase de los caminos del Señor, el Dios de sus padres. Mientras duró su reinado él fue gran influencia para el pueblo sobre como amar y respetar a Dios. Es lo mismo que Dios espera de nosotros, que seamos una buena influencia para nuestros niños para que continúen sirviendo al Señor en su casa, respetando su obra y su Palabra.

Ellas no pueden quedar fuera

Dios usa los niños para hacer su voluntad, ellos pueden servirlo y deben hacerlo. Cuando Dios llamó Moisés, le dio una señal para que supiera que sería el libertador del pueblo hebreo:

"Y Dios le respondió: Ve, pues yo estaré contigo. Y esto te servirá de señal, de que yo te he enviado: Cuando tú hayas sacado de Egipto al pueblo, ustedes servirán a Dios sobre este monte."

Éxodo 3:12

Moisés, tenía claridad de que debería hacer y de que su llamado envolvía a todos. Por esa razón, cuando cuestionado por Faraón sobre quien debería ir con él para adorar a Dios en el desierto, responde:

> *"Y Moisés respondió: Tenemos que ir con nuestros niños y nuestros ancianos, con nuestros hijos y nuestras hijas, y con nuestras ovejas y nuestras vacas. Se trata de nuestra fiesta solemne para el Señor".*
>
> *Éxodo 10:9*

Faraón sabía que se llevase los niños, ya no volvería, por eso sugirió que las dejase hacía atrás, no obstante, Moisés luchó por la vida de aquellos niños y afirmó categóricamente que nada ni nadie sería dejado en el Egipto. Las promesas son para todos que son parte de la familia de Dios:

> *"Entonces el faraón mandó llamar a Moisés, y le dijo: Vayan a servir al Señor, y lleven con ustedes a sus niños, con tal de que dejen aquí a sus ovejas y sus vacas. Pero Moisés respondió: ¡Pues hasta tú vas a darnos los animales que debemos ofrecer al Señor nuestro Dios como sacrificio y holocausto! También nuestros ganados irán con nosotros. No se quedará aquí ni una sola pezuña, pues tenemos que tomar de nuestros animales para servir al Señor nuestro Dios, y no sabremos cómo debemos servirle hasta que lleguemos allá".*
>
> *Éxodo 10:24-26*

Si Moisés no hubiese luchado para que los niños también adorasen a Dios, ¿cuál sería el futuro de Israel? Moisés tuvo una visión sobre aquel pueblo con y sin la presencia de los niños, de alguna manera entendió que ellos eran el futuro de aquel pueblo y nosotros debemos ver a los niños de esa misma manera.

A veces vemos los niños siendo ignorados y excluidos de los trabajos de la iglesia, son pocas las oportunidades que se les dan para expresar su adoración a Dios y servirlo en su Obra.

Después de la muerte de Moisés, Josué fue levantado como el nuevo líder de aquel pueblo y una de sus más importantes características es que él sabía de la importancia de los niños y de cuan necesario es que se involucren en el servicio de Dios, por esa razón los incluyó en la convocatoria que hizo al pueblo. Los llamó para que escuchar la palabra y los mandamientos de Dios:

> *"Después de eso, Josué leyó todas las palabras de la ley, junto con las bendiciones y las maldiciones, conforme a lo que está escrito en el libro de la ley. No omitió Josué una sola palabra de lo que Moisés le mandó leer ante la comunidad de Israel, junto con las mujeres, los niños y los extranjeros que vivían entre ellos".*
>
> *Josué 8:34-35*

Nadie fue excluido, todos estaban allí presentes para oír de Dios sus bendiciones, promesas y advertencias. Hay muchas porciones bíblicas en que Él manifiesta todo su amor y cuidado al aceptar el servicio de los niños en su obra (2 Crónicas 31; 1 Samuel 1:24-28; Mateo 21:15,16). En todos ellos vemos que los niños servían al Señor de manera extraordinaria, sea en la antigua o en la nueva alianza.

El niño que escuchó a Dios

Samuel servía a Dios desde muy pequeño, estaba delante del sacerdote Elí y ministraba al Señor, vestía una ropa sacerdotal hecha de lino, que todos los años su mamá lo regalaba. A cada día crecía en conocimiento y gracia delante de Dios y de los hombres.

Aquel niño creció y se tornó una persona que influenció al pueblo de manera sobresaliente, por muchas veces, la gente se volvió a Dios por las palabras de arrepentimiento traídas por Samuel, alguien profundamente comprometido en enseñar y orar por el pueblo:

> *"Entonces Samuel habló con todos los israelitas y les dijo: Si de todo corazón se han arrepentido delante del Señor, quiten a Astarot y a todos los dioses ajenos que todavía adoran; entréguense de corazón al Señor, y sírvanle sólo a él; entonces el Señor los librará de la ira de los filisteos. Y los israelitas renunciaron a los baales y a Astarot, y sirvieron sólo al Señor. Entonces Samuel les dijo: Reúnan a todos los israelitas en Mispá, y yo rogaré al Señor por ustedes. Y se reunieron en Mispá, y sacaron agua y la derramaron delante del Señor. Aquel día ayunaron, y dijeron: Hemos pecado contra el Señor. Así fue como Samuel se convirtió en Mispá en el caudillo de los israelitas".*

> *1 Samuel 7:3-6*

"Y Samuel respondió al pueblo: No tengan miedo. Es verdad que ya cometieron esta maldad. Pero a pesar de eso, no se aparten del Señor, sino síganlo y sírvanle de todo corazón. No vayan tras los dioses falsos, porque no les servirán de nada ni podrán salvarlos, porque no son nada. El Señor no desamparará a su pueblo, porque grande es su nombre, y él los escogió para que fueran su pueblo. Lejos estará de mí pecar contra el Señor dejando de rogar por ustedes; al contrario, me comprometo a instruirlos en el camino bueno y recto, con tal de que ustedes teman al Señor y en verdad le sirvan de todo corazón. Recuerden todo lo que él ha hecho en favor de ustedes. Pero si insisten en hacer lo malo, tanto ustedes como su rey perecerán".

1 Samuel 12: 20-25

Ellos son capaces

Conocer a Cristo es un privilegio para todo el que cree, la Palabra de Dios tiene poder para transformar y cambiar la vida de cada ser humano que se entrega al Señor, sea adulto, joven o mismo niño. Dios no hace acepción de personas y regala a los pequeños gracia, fuerza y coraje para servir a Dios y su Palabra.

"Tú, por tu parte, persiste en lo que has aprendido y en lo que te persuadiste, pues sabes de quién has aprendido; tú desde la niñez has conocido las Sagradas Escrituras, las cuales te pueden hacer

sabio para la salvación por la fe que es en Cristo Jesús".

2 Timoteo 3:14-15

Vea el ejemplo de Timoteo, una persona que conocía las sagradas letras desde la niñez. Yo me dedico a cuidar mejor de los niños en la casa de Dios, pues cuando aceptan al Jesucristo como su Señor y Salvador, pasan a frecuentar los cultos y se comprometen con Él independiente de sus responsables estar o no comprometidos con la iglesia. Los niños sienten necesidad de servir al Señor.

No obstante, hoy en día vemos que infelizmente no está siendo fácil para los pequeños servir a Dios, pues muchos de los adultos que están en la iglesia piensan erróneamente sobre la salvación y desconocen cuan importantes son los niños para la obra del Señor.

Los niños también necesitan de Jesús

Cierta vez; mientras salía de la iglesia, paré para conversar con algunos niños que me procuraron para hablar sobre la próxima clase de Escuela Bíblica Dominical. Una hermana que estaba cerca de nosotros escuchaba y veía el entusiasmo de los niños al hablarme a respeto de la clase de aquel día y que las esperaría para la próxima.

Después de atenderlos, aquella hermana me llamó y dijo que no hacía falta que aquellos niños fueran a la iglesia, pues aún eran muy pequeños y que aceptar a Cristo en aquella edad no era importante, ya que necesitaban aprovechar sus vidas jugando y se divirtiendo.

Quedé atónita al escuchar aquellas palabras, pues como pedagoga que soy, sé de la importancia de jugar para el desarrollo de los niños. No obstante, al escuchar todo aquello respondí que los niños también necesitan de salvación y que igual nascieron en pecado y precisan del perdón de Dios para sus vidas:

> *"Por cuanto todos pecaron y están destituidos de la gloria de Dios".*
>
> *Romanos 3:23*

Infelizmente muchas personas en la iglesia, que están dentro de nuestros templos, piensan de esta misma manera, que a los niños no les hace falta salvación. Aceptar al Señor Jesús es aceptar el sacrificio de Cristo en la cruz del Calvario y creer en este amor. Nuestros niños necesitan de esta experiencia de nuevo nacimiento.

Timoteo, en primer lugar, conoció a Cristo como su Salvador y luego después demostró una fe sincera, esto era la evidencia de su crecimiento espiritual y compromiso con el Señor. No obstante, Timoteo no paró por ahí, antes sirvió al Señor, y todos los que lo conocían veían su testimonio.

> *"Después, Pablo llegó a Derbe y a Listra. Allí había un discípulo llamado Timoteo, que era hijo de una judía cristiana y de padre griego. Los hermanos que estaban en Listra y en Iconio hablaban muy bien de él, así que Pablo quiso que Timoteo lo acompañara. Para evitar problemas con los judíos que había en aquellos lugares, Pablo hizo que Timoteo se circuncidara, pues todos sabían que su padre era griego. Cuando ellos pasaban por las ciudades, entregaban las reglas*

> *que los apóstoles y los ancianos en Jerusalén ha-*
> *bían acordado que se pusieran en práctica. Y así*
> *las iglesias eran confirmadas en la fe, y su número*
> *aumentaba cada día".*

Hechos 16:1-5

En este texto vemos que cuando el apóstol Pablo llegó a Derbe y Listra, obtuvo buen testimonio a respeto de Timoteo, el pueblo de aquel lugar hablaba del compromiso que aquel joven tenía con la obra de Dios y su Palabra. Por este motivo el apóstol lo invitó a ser su compañero en los viajes misioneros.

Dios usa los niños

En todos los casos en que los niños del Antiguo y del Nuevo Testamento sirvieron al Señor, ellos recibieron fuerza, coraje y recompensas por ser fieles y buscar su presencia.

Lo que más me encanta en estas historias es saber que la mayoría de ellas se pasó en tiempos difíciles, momentos en que estos niños padecían hambre, amenazas e injusticias. No obstante, crecieron confiando en las promesas y en la salvación del Señor para sus vidas. Dios hizo de ellos ejemplos para nosotros, de manera que hasta el día de hoy nos inspiran.

José tenía apenas diecisiete años cuando fue llevado como esclavo al Egipto, no obstante, había algo lo hacía totalmente diferente, dice la Palabra que "el Señor estaba con él y lo hacía prosperar en todo lo que emprendía" (Gn 39:3). Imagine pues que allí estaba un jovencito, un esclavo que más tarde vino a ser un prisionero, pero Dios era de tal manera presente en su vida que lo transformó gobernador del Egipto, tan solo faraón era más grande que él en aquella nación poderosísima:

> *"También le dijo el faraón a José: Como ves, yo te he puesto al frente de toda la tierra de Egipto. Y el faraón se quitó su anillo de la mano, y lo puso en la mano de José; también hizo que lo vistieran con ropas de lino muy fino, y en el cuello le puso un collar de oro; después hizo que subiera en su segundo carro, y que delante de él se gritara: ¡De rodillas!; y lo puso al frente de toda la tierra de Egipto. Luego el faraón le dijo a José: Yo soy el faraón. Pero sin ti nadie alzará la mano ni el pie en toda la tierra de Egipto".*

> *Génesis 41:41-44*

Samuel era aún más joven cuando empezó a servir al Señor en el templo, él estaba lejos de sus padres y de todo que conocía por una misión, un llamado celestial, pero su relación con Dios era tan fuerte que, en una noche, Dios lo reveló el futuro de la nación, advirtiendo inclusive al sacerdote con respeto a sus hijos.

Samuel significa "Pedido al Señor" (1Sm.1:20), él fue el último de los jueces y el primer profeta, además de actuar como sacerdote. Dios lo usó para orientar y exhortar al pueblo siempre que necesario. Fue Samuel que ungió a los Reyes Saúl y David. Fue un hombre extraordinario, que empezó a obedecer su llamado cuando aún era niño.

> *"El joven Samuel servía al Señor bajo la supervisión de Elí. En aquellos días el Señor no se comunicaba ni en visiones, pues éstas no eran frecuentes. Un día, mientras Elí reposaba en su aposento,*

pues tenía la vista cansada y casi no veía, y Samuel dormía en el santuario donde estaba el arca de Dios y la lámpara de Dios aún no se apagaba, el Señor llamó a Samuel, y él respondió: Aquí estoy, Señor."

1 Samuel 3:1-4

Cuando un niño responde al llamado del Señor, él lo hace con mucho compromiso y fidelidad y se vuelve una influencia, por eso jamás desprecie a un niño. ¿Quién garantiza que tú no estás delante de un nuevo Samuel, David o Josías?

"Luego Josías quitó de toda la tierra de los israelitas todo objeto repugnante, e hizo que todos los que se hallaban en Israel sirvieran al Señor su Dios. Y mientras Josías vivió, ellos no dejaron de seguir al Señor y Dios de sus padres".

2 Crónicas 34:33

Niños necesitan referenciales

Timoteo creció a los pies de su abuela y de su madre, ambas lo enseñaron la bondad del Señor. La Biblia dice que la madre de Timoteo era judía, mientras su padre era griego, o sea, probablemente no seguía las leyes de Dios. No obstante, su madre asumió el discipulado de su hijo, enseñándole la Palabra desde la más poca edad:

"Tú, por tu parte, persiste en lo que has aprendido y en lo que te persuadiste, pues sabes de quién has aprendido; tú desde la niñez has conocido las Sagradas Escrituras, las cuales te pueden hacer

sabio para la salvación por la fe que es en Cristo Jesús"

2 Timoteo 3:14-15

Timoteo había aceptado y reconocido a Cristo como su Salvador, demostrando una fe sincera, creciendo espiritualmente y sirviendo al Señor. Todos que lo conocían daban buen testimonio a su respeto:

"Después, Pablo llegó a Derbe y a Listra. Allí había un discípulo llamado Timoteo, que era hijo de una judía cristiana y de padre griego. Los hermanos que estaban en Listra y en Iconio hablaban muy bien de él".

Hechos 16:01-02

Vemos así que Dios tiene una obra en la vida de los niños y planes para cada uno de ellos. Sin embargo, muchas veces los padres no ejercen su papel, como sucedió a Josías. La Biblia dice que su padre hizo lo que era malo a los ojos de Dios, pero él no siguió su ejemplo y buscó inspiración en otro padre "David" y un lugar de arrepentimiento como hizo su abuelo Manases. A pesar de tener un padre relapso este jovencito cumplió cabalmente su misión.

Entonces, yo le pregunto: ¿qué historia vas a dejar para sus hijos? ¿Tienes el mismo compromiso y esfuerzo que la madre y la abuela de Timoteo para conducir los suyos a la salvación y para hacerlos cristianos ejemplares? ¿O eres como el padre de Josías que no fue un buen ejemplo para su hijo?

Educar el niño en el camino del Señor es un orden y por mi propia experiencia puedo decir que enseñar a un niño el temor de Dios es lo mejor que se puede hacer por ello, pues "El principio de la sabiduría es el temor del Señor; el conocimiento de lo santo es inteligencia". (Pv 9:10).

¿Y los adolescentes?

La adolescencia es una época de muchas turbulencias, una transición entre la niñez y la vida adulta que por sí misma está marcada por crises y cuestionamientos, y en esta fase tan importante de la vida se hace extremamente necesaria la instrucción y la dedicación de los padres y profesores, ya que las decisiones tomadas en este periodo van a repercutir por toda la vida.

Los adolescentes también deben ser enseñados en la Palabra de Dios, pues la Biblia en el libro de Eclesiastés nos muestras que la juventud es tiempo de servir al Señor, Vea:

> *"Acuérdate de tu Creador ahora que eres joven. No esperes a que vengan los días malos, y a que lleguen los años en que digas: Vivir tanto no es motivo de regocijo".*
>
> *Eclesiastés 12:01*

Ni todos los niños y adolescentes crecieron en hogares donde los principios bíblicos fueron enseñados, algunos inclusive son provenientes de familias extremamente desajustadas, por esa razón nosotros los siervos de Dios debemos estar siempre atentos a las necesidades de ellos adentro de nuestras iglesias.

Este asunto me hizo recordar de cuando hace algunos años fui enviada como misionera a Mozambique. Me recuerdo que la necesidad y la carencia tanto de afecto como económicamente de aquellos niños eran tan grandes que al verlos era casi imposible no llorar.

Aquellos fueron para mí unos de los momentos más importantes del ministerio, un regalo de Dios, pues he podido ayudar a muchos niños y adolescentes a conocer al Señor Jesucristo y ser cambiados por este amor. Hoy veo que Dios también tenía algo que hacer en la vida de aquellos niños y adolescentes y que grata soy por hacer parte de esto.

¿Y tú? ¿De qué manera puedes colaborar para que el Evangelio alcance al corazón de los niños y jóvenes de su congregación? Sepas que un abrazo tiene el poder de curar, una palabra puede hacer con que el corazón herido de un adolescente se abra para el amor de Dios. Tenemos al nuestro alrededor miles de huérfanos de padres vivos que necesitan apenas que alguien les dé un poco de atención y una palabra de Dios. Usted puede ser esta persona.

Niños que adoran

Como podemos ver, todo el esfuerzo que se hace en presentar Jesús a los niños y adolescentes es muy importante, pues influenciar la vida del niño con la Palabra de Dios le dará esperanza y certeza de una vida mejor.

Durante todo el tiempo que estuve en Mozambique vi las manos de Dios por sobre aquellos pequeños. Recuerdo que, por no haber muchas sillas en los cultos, ellos se asentaban junto a mí por sobre unas pajas en el piso, no obstante, nada les impedía de adorar con pasión y entrega.

Tengo muy presente en la memoria un día especial, mientras yo organizaba los niños para cantar al Señor, pairaba por sobre la iglesia una presencia maravillosa, el culto estaba lleno y Dios obraba en el medio de su pueblo, las vidas eran bautizadas con el Espíritu Santo, renovadas, y los niños eran parte de este mover maravilloso.

Allí había oportunidad para que los pequeños alabasen a Dios y mientras lo hacían eran bautizadas también en el Espíritu Santo. Jamás me olvidaré de un niño con sus ropas rotas y sus pies descalzos, alzando sus flacos bracitos en la presencia del Señor y en llantos declarando: "No quiero dejarte jamás Jesús, ¡no te voy a dejar nunca!".

El resonar de estas palabras está presente en mi corazón hasta el día de hoy, siempre que me recuerdo termino por llorar pues en aquel día vi la importancia de los esfuerzos y dedicación que fueron hechos para que este niño llegase hacía la casa de Dios, conociese a su Palabra y lo dirigiese aquella adoración tan fuerte y pura.

En aquella época realizamos muchos trabajos de evangelización y Dios cumplió sus promesas en aquellas vidas, vi muchos que no tenían siquiera que comer, menos aún zapatos o ropas que vestirse. Pero, hoy ya están jóvenes con sus familias, esposas, hijos y muchos sirven al Señor en el ministerio, otros ya están con el Señor.

Cada uno de estos recuerdos me hace ver cómo valió la pena tantas lágrimas, noches sin dormir, luchas, aflicciones, necesidades. Pues en cada una de estas situaciones vimos la mano de Dios sobre nuestras vidas. Dios es fiel.

Un llamado noble

¿Su llamado es para trabajar con niños y adolescentes? Hágalo con amor, dedícate, ayuda, ama y habla siempre de este amor. Pues verás las bendiciones que Dios tiene para con los que se envuelven con los que Él ama. Quizás no tenga todas las respuestas, sin embargo, esfuérzate y Dios le dará estrategia, abrirá puertas, concederá la sabiduría necesaria y sobre todo va a recompensarlo en aquel gran día. Todos los que hacen la obra del Señor recibirán recompensa:

> *"Así que, amados hermanos míos, manténganse firmes y constantes, y siempre creciendo en la obra del Señor, seguros de que el trabajo de ustedes en el Señor no carece de sentido".*

> *1 Corintios 15:58*

En todo el trabajo que realizamos en África vi la mano de Dios siempre con nosotros, no será diferente contigo. El Señor Jesucristo espera apenas que obedezcamos su ID, predicando el Evangelio para toda criatura y que lo hagamos en verdad y amor.

Amar a Dios, muchas veces exigirá renuncia, fue lo que sucedió en la vida de tantos que fueron llamados para en ministerio. Muchos renunciaron su país, otros sus días de trabajo, otros sus momentos de descanso, hubo hasta los que renunciaron sus sueños, todo por una buena causa: ganar almas para el Reino de Dios.

La Biblia dice que quien gana almas es considerado una persona inteligente, por eso le digo que te apliques a ganar su familia, sus hijos, sus amigos y en especial a ganar para Cristo los niños, que tienen toda la vida para servir al Señor.

CAPITULO 5

Hijos, una bendición en la casa del Señor

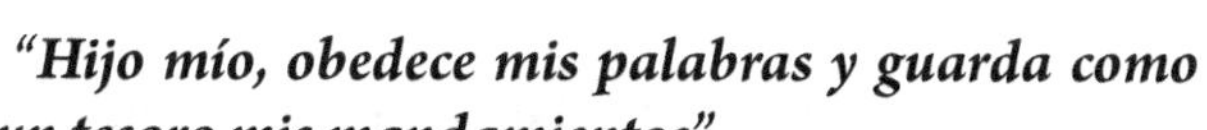

"Hijo mío, obedece mis palabras y guarda como un tesoro mis mandamientos".

Proverbios 7:01

Que sorprendente es la Palabra de Dios, cuando observamos la dedicación de algunas familias que no midieron esfuerzos para ayudar sus hijos a crecieren en la presencia del Señor, cumpliendo su ministerio y vocación. Sobre estos padres me gustaría poder descorrer un poco en este capítulo. De manera que seamos encorajados a actuar de modo semejante con nuestros hijos y con todos los pequeños que el Señor nos confiar:

Manoa y su esposa

"Los israelitas volvieron a hacer lo malo a los ojos del Señor, y durante cuarenta años el Señor los entregó al poder de los filisteos. En Sorá, poblado de la tribu de Dan, había un hombre llamado Manoa, que no tenía hijos porque su mujer era estéril. Cierto día, un ángel del Señor se le apareció a su mujer y le dijo: Es un hecho que eres estéril, y que nunca has tenido hijos. Pero vas a quedar embarazada y darás a luz un hijo... Manoa oró entonces al Señor, y dijo: Mi Señor, yo te ruego que venga otra vez ese varón que enviaste, para que nos diga qué es lo que debemos hacer con el niño que va a nacer".

Jueces 13:1-3, 8

Perciba que por Manoa ser un hombre que temía al Señor, estaba preocupado con el niño que iba nascer y por eso le preguntó a Dios de qué manera deberían cuidar del pequeño. Esto no enseña que él comprendía que no se trataba de un niño normal, sino alguien con un propósito tremendo para cumplir y como padre estaba dispuesto a ser un instrumento para que esto fuera realidad.

Tanto Manoa como su esposa crearon su hijo Sansón en la presencia del Señor. Siempre enseñándole la importancia de temer a Dios y obedecer sus leyes. La misión de aquel niño era luchar y defender al pueblo de Dios cuando adulto y a pesar de sus muchos errores, fue exactamente lo que hizo, actuando como un juez en el medio del pueblo de Dios.

Ana

Ana, fue una mujer notable, ella no podía tener hijos, no obstante, un día tomó una decisión que cambiaría su historia. Subió hacía la casa de Dios y le pidió el hijo que tanto deseaba, prometiendo al Señor que lo entregaría para servir en el Tiemplo para siempre. Observe:

> *"Y le hizo un voto. Le dijo: Señor de los ejércitos, si te dignas mirar la aflicción de esta sierva tuya, y te acuerdas de mí y me das un hijo varón, yo te lo dedicaré, Señor, para toda su vida. Yo te prometo que jamás la navaja rozará su cabeza"*
>
> *1 Samuel 1:11*

Perciba que esta madre renunció al derecho de ver su hijo crecer cerca de ella, pues su real motivación era que estuviera a servicio de la casa de Dios. Y su entrega fue plenamente recompensada, pues la Palabra nos cuenta que Samuel fue un niño extremamente importante para Dios y que cuando ya adulto ejecutó tres diferentes funciones, actuando como sacerdote, profeta y Juez.

Dios tiene planes para la vida de nuestros hijos, nos toca educarlos para servir a este propósito. Él atendió la oración de Ana y cumplió su deseo de ser madre. Ana por su vez educó su hijo para el servicio de la obra de Dios. Fue algo lindo, pues ambos cumplieron que les tocaba hacer. Solamente Dios podría dar un hijo a aquella mujer estéril y solamente ella misma podría abrir mano de este hijo para Dios. Ana fue extremamente honrada, incluso con otros hijos después de Samuel.

David

El rey David fue un hombre según el corazón de Dios, no obstante, era un hombre como cualquier otro, sujeto a las mismas fallas y fracasos. Como padre él cometió muchos errores, aun así, no desistió de Salomón, de modo que lo vemos amonestando su hijo a servir y temer al Señor:

> *"Estoy por recorrer la senda de todos los mortales. ¡Ánimo, y pórtate como todo un hombre! Cumple los mandamientos del Señor tu Dios, y no te apartes de sus caminos; sigue sus sendas y cumple con sus leyes y preceptos, tal y como están escritos en la ley de Moisés. Así prosperarás en todo lo que hagas y en todo lo que emprendas. Si lo haces, el Señor confirmará la promesa que me hizo cuando dijo: "Si tus hijos caminan por mis sendas y se comportan ante mí con veracidad, y con todo su corazón y toda su alma, jamás te faltará un sucesor en el trono de Israel".*

> *1 Reyes 2:2-4*

Se mirarnos cuidadosamente las Escrituras veremos el cuidado y la dedicación de muchos padres en crear sus hijos e hijas en el camino del Señor y para su servicio. Se trata de una alabable actitud y una responsabilidad. En una familia saludable siempre debe haber un lugar especial para la Palabra de Dios y sus enseñanzas.

Paseando por las Escrituras notaremos que el encargo de orientar los hijos bajo la Palabra de Dios no se restringe al Antiguo Testamento, pero igual está presente en la Nueva Alianza. Vea los ejemplos:

Zacarias e Isabel

Juan el Bautista fue elegido para predicar y anunciar la venida del Mesías. Aun en el vientre de su madre, aquel niño ya fue lleno del Espíritu Santo. Sobre él se ha dicho:

"Y a ti, niño, te llamarán "Profeta del Altísimo", porque irás precediendo al Señor para preparar sus caminos. Darás a conocer a su pueblo la salvación y el perdón de sus pecados, por la entrañable misericordia de nuestro Dios. La aurora nos visitó desde lo alto, para alumbrar a los que viven en tinieblas y en medio de sombras de muerte; para encaminarnos por la senda de la paz".

Lucas 1:76-79

No hay dudas que Juan el Bautista fue el último profeta, pues el Señor ya lo había determinado, además el propio Señor Jesucristo testificó que jamás hubo profeta como él:

"Mientras ellos se iban, Jesús comenzó a decir a la gente acerca de Juan: ¿Qué fueron ustedes a ver al desierto? ¿Una caña sacudida por el viento? ¿Qué fueron a ver? ¿A un hombre vestido con ropa elegante? Los que se visten con ropa elegante se encuentran en los palacios. Pero ¿qué es lo que ustedes fueron a ver? ¿A un profeta? Yo les digo que sí, ¡y a alguien mayor que un profeta! Porque éste es de quien está escrito: "Yo envío mi mensajero delante de ti, El cual preparará tu camino." De cierto les digo que, entre los que nacen de mujer, no ha surgido nadie mayor que Juan el Bautista. Aun así, el más pequeño en el reino de los cielos es mayor que él".

Mateo 11:7-11

A veces pienso que si todos los padres tuviesen un poco de tiempo para enseñar a sus hijos en el temor de Dios, se separasen siempre un tiempo para instruirlos bajo los verdaderos valores, la humanidad no estaría pasando por tantas dificultades y tendríamos más hombres y mujeres semejantes a los personajes bíblicos.

Infelizmente, muchos padres prefieren estar en sus trabajos o mismo junto a sus amigos, que estar con su familia. ¿Cuántos hijos viven bajo el mismo techo que sus padres sin conocerlos? Hay tantos que jamás tuvieron tiempo o interés en conocer los de su propia familia.

Jesús en mi hogar

Hoy, vemos tantas cosas que nos causan tristeza: familias desestructuradas, sin foco, sin esperanzas ni sueños. Y en ese ambiente los niños crecen carentes de afecto, amor y compasión. Infelizmente, algunas de estos mismos niños pueden llegar al punto de intentar suicidio, parece algo muy lejos, pero tristemente cada día más frecuente.

En estos años de ministerio infantil, he visto una verdadera degradación de los valores, los padres ya no se importan en educar sus hijos, no los motivan a ir a la escuela, ni los ayudan en sus actividades, no juegan con ellos y algunos no se preocupan siquiera se están con hambre.

Este mundo está mal y los verdaderos valores se están sustituyendo por leyes diabólicas que pretenden destruir las familias, enfermar la mente de nuestros niños y hacer con que crezcan como personas frustradas, emocionalmente vacías y espiritualmente muertas.

Que el Señor con su eterno amor alcance estas familias y las ayuden a luchar con todas sus fuerzas por sus hijos para jamás perderlos para satanás. Infelizmente, hay los que ya perdieron y nada más pueden hacer a ese respecto. No te olvides que aún hay esperanza para ti y para los tuyos, Cristo es nuestra esperanza, invítelo hoy mismo para habitar dentro de su hogar y verá que Él puede hacer.

Al llevar al Señor Jesús para nuestra casa todo cambia y pasamos a ver este mundo con ojos espirituales y así no permitiremos que las leyes e ideales humanos destruyan nuestras familias. Sabemos que Dios creó la familia y continuaremos defendiendo nuestros derechos y valores en el nombre de Jesús.

Luche por su familia, pues es un regalo de Dios, sus hijos son dádivas y Él los creó para ser personas especiales en Su presencia. Los padres que dedican su tiempo para motivar sus hijos a servir al Señor recibirán su recompensa. Vea el ejemplo de Elcana y Ana, padres de Samuel:

> *"Y Elí bendijo a Elcana y a su mujer, diciendo: Jehová te dé hijos de esta mujer en lugar del que pidió a Jehová. Y se volvieron a su casa. Y visitó Jehová a Ana, y ella concibió, y dio a luz tres hijos y dos hijas. Y el joven Samuel crecía delante de Jehová".*

> *1 Samuel 2: 20,21*

Dios jamás deja sin recompensa cualquier esfuerzo que hagamos para aproximar los niños de su presencia. Ana fue bendecida para bendecir, no solamente ella ganó con la venida de Samuel, el Reino de Dios fue grandemente bendecido por este niño generado por medio del clamor de una madre.

Incluye el niño en la Obra de Dios

Ya entendemos un poco sobre a la importancia de discipular los niños e insertarlos en el servicio a Dios, además de los beneficios que ese comprometimiento trae para ellos y para la expansión del Reino. Ahora pensaremos de una manera más práctica cómo podemos hacerlo, considerando las capacidades de los niños.

Antes que todo, debemos tener muy claro que Dios mismo tiene interés y capacitó sus pequeños para servirle en su obra. Vea que la Palabra nos dice:

> *"Porque somos hechura suya, creados en Cristo Jesús para buenas obras, las cuales Dios preparó de antemano para que anduviésemos en ellas.*

> *Efesios 2:10*

El niño, por naturaleza, tiene mucha disposición, ánimo, solicitud y posee mucho tiempo disponible, que puede gastar de manera santa y creativa. Hagamos unas cuentas: son 8.760 horas por año, 3.650 horas dedicadas al descanso, 550 horas para alimentación y más 1.000 horas en la escuela. Sobrarían unas 3.560 horas vacantes, un tiempo que podría fácilmente aprovechar para involucrarse en el servicio de Dios.

Sabemos cuán importante es jugar y divertirse, aun así a los niños les sobra tiempo para gastar en el servicio del Señor. Como profesores y padres debemos ayudarlos en esto, animarlos a envolverse en las cosas de Dios, pues les hace sentir útiles y felices, al paso que se no las incluimos en este medio, de pronto perderán las ganas por estar en la iglesia.

Yo me recuerdo que aun niña yo siempre estaba evangelizando junto a mi padre, todos los domingos después del almuerzo allí estaba yo lista. Almorzábamos y a las dos de la tarde salíamos por las calles a evangelizar, yo jamás faltaba, entregaba los folletos y hablaba del amor de Dios para la gente. Desde los diez años hacía mi juventud jamás dejé de hacerlo. Hoy sé que ya en este entonces Dios me estaba preparando para su obra y no mucho después fui llamada para ser misionera.

Hoy, infelizmente veo los que estimulan sus hijos a ser doctores, deportistas, administradores de empresas, ingenieros, profesores y muchas otras nobles profesiones, pero se olvidan de animar a sus hijos para que sean buenos cristianos y a dedicarse a la Obra del Señor Jesucristo.

Recuerdo que cuando joven, oía de los niños y adolescentes el deseo de tornarse pastores, misioneros, predicadores, maestros de la Palabra. Sin embargo, hoy en día, trabajando con niños no tengo visto estos mismos sueños. La obra de Dios ha perdido su lugar de honra y mismo aquellos que aman a Dios ya no saben que quieren hacer por Él.

Arriesgo decir que esto sucede porque nosotros los adultos no hemos hecho nuestra parte. No nos hemos dedicado suficiente para involucrar nuestros niños en las actividades de la iglesia ni les hemos dicho cuan importantes son para la Obra de Dios. Los niños necesitan saber que Dios cuenta con ellos en la divulgación del Evangelio:

> **"Y les dijo: Id por todo el mundo y predicad el evangelio a toda criatura".**

> *Marcos 16:15*

Cuando un niño comprende esto, será profundamente usado por Dios, su coraje y sinceridad serán impactantes para todos y la alegría y ahínco que dedican a todo que aman hará con que sean plenamente recompensados por el Señor:

> *"Y todo lo que hagáis, hacedlo de corazón, como para el Señor y no para los hombres; sabiendo que del Señor recibiréis la recompensa de la herencia, porque a Cristo el Señor servís".*
>
> *Colosenses 3:23-24*

Útiles en casa

Por hablar en utilidad, estamos viviendo en una sociedad donde no se pide a los niños que desempeñen cualquier papel, tarea o responsabilidad en el hogar, alegando que si lo hacen están bajo explotación. No obstante, debemos estar ciertos que tantos los niños como los adolescentes deben tener sus responsabilidades dentro del hogar. Ellos necesitan empezar recibiendo pequeñas tareas, pues el hogar es seguramente el mejor lugar para comenzar a servir a Dios.

Piense un poco en la historia de Moisés, fue el incentivo que llevó su hermana María a ser, en las manos del Señor un gran instrumento de salvación para el bebé. Perciba que ella salió en el momento oportuno para ofrecer a la hija de faraón una ama de leche para cuidar del pequeño. Creo yo que de alguna manera ella recibió por sobre su vida aquel censo de compromiso y responsabilidad por la vida de su hermanito, que la hizo ser usada para algo eterno.

Nosotros, los padres debemos ocupar nuestros hijos con actividades donde ellos se sientan útiles e importantes en la casa del Señor y en su propia casa. Dependiendo de la edad del niño, no aconsejo que sea algo muy grande, pero ellos precisan sentirse parte de algo. Un niño o adolescente puede fácilmente ayudar en casa arreglando la mesa, lavando platos, manteniendo limpia la casa, ayudando a preparar la comida, cuidando a sus hermanos menores o mojando las plantas.

Una vez que ellos se sientan responsables e importantes, podemos igual animarlos a desarrollar tareas de ámbito espiritual dentro del hogar, como orar por otros, hablar del Señor para los visitantes, obedecer, compartir sus pertenencias, cantar, tocar, orar por la obra misionera, preparar la lección de la Escuela Bíblica Dominical, saber versículos de memoria, leer la Biblia, vivir por fe y procurar producir el fruto del Espíritu Santo.

Útiles en la iglesia

En la Escuela Bíblica Dominical, tanto los niños cuanto los adolescentes deben cooperar. Ellos pueden desempeñar tareas en el momento de adoración, ayudar al profesor con las actividades, presentar los visitantes, colectar las contribuciones, actuar en piezas teatrales, ayudar a limpiar las sillas etc.

Los niños y juveniles no pueden ser apenas espectadores, antes deben tener las mismas oportunidades, pues vemos en la Biblia que Samuel, aun niño, ayudaba al sacerdote Elí a cuidar de las cosas del Señor e llevaba este trabajo muy en serio. Así nuestros pequeños deben tener el mismo amor y respeto por sus tareas en la Casa de Dios.

Hay muchas cosas que los niños y adolescentes pueden hacer para Dios, basta apenas que se les estimule, se les conceda oportunidad. La niñez no puede funcionar como una "sala de espera" para la vida adulta, la infancia también es tiempo de conocer y obedecer a Dios.

Desarrollando su potencial máximo

Según el criminólogo John Edgar Hoover, exdirector del F.B.I, los niños y adolescente que se involucran con música jamás cometerán delitos graves. "Los que tocan piano, jamás serán ladrones, los que tocan, manejan el arco de un violín y cantan jamás manejarán un arma", afirma.

Un niño cuando estimulado a hacer lo bueno se tornará un adulto más seguro y que tiene objetivo de vida, además será capaz de soñar, realizar proyectos y no perder su foco fácilmente. Cuando los pequeños se sienten importantes en el hogar y en la iglesia, se ven igualmente capaces de hacer cosas buenas para Dios y para sí mismos.

Mientras se les estimula el compromiso con lo bueno, no sobra tiempo para pensar en lo malo, así crecen buenos ciudadanos, capaces de hacer la diferencia en la vida de los demás.

Muéstreles el camino de la consagración

Vimos anteriormente la pregunta que hizo Manoa al saber que Dios les regalaría un hijo. Este hombre muestra estar interesado en cómo debería cuidar de aquel niño y que podría hacer para que creciese y cumpliese su destino. ¡Qué admirable actitud de este padre!

Así, les pregunto: ¿Cuántos padres hicieron esta misma pregunta a Dios cuando supieron de la llegada de sus hijos? ¿Cuántos tienen el encargo de educar sus hijos como buenos ciudadanos y siervos de Dios? Tristemente, no presencio más frecuentemente las madres preocupadas en orar y crear hijos para Dios y son pocos los padres que se involucran por hacerlo.

No podemos olvidar que tanto las madres como los padres hacen parte de la vida del niño y por lo tanto ambos deben estar presentes en la educación e instrucción. La Palabra de Dios nos dice que debemos enseñar al niño en su camino (Véase en Pv. 22:6) y esta no es responsabilidad de apenas de uno.

Creo que caso hubiera esta atención, hoy no tendríamos tantas familias desequilibradas, hijos destruidos, con carácter débil, viviendo una comodidad insana, donde se les regala todo, pero no se les da el principal que es amor y límites. Gente así crece frustrada, pues tarde o temprano percibirá que la vida no es una eterna niñez. Vea que nos recomendó el apóstol Pedro en su primera epístola:

> *"Manteniendo buena vuestra manera de vivir entre los gentiles; para que en lo que murmuran de vosotros como de malhechores, glorifiquen a Dios en el día de la visitación, al considerar vuestras buenas obras".*

> *1 Pedro 2:12*

La verdad es que la vivencia del niño dependerá mucho de sus padres, pues son ellos los responsables por direccionarlo, desde pequeño, a servir a Dios en el medio de la sociedad. Esto, me hace recordar la niña en la casa de Naamán, el general de Síria. La Biblia ni siquiera menciona el nombre de esta niña, no obstante, ella dio un testimonio tremendo del Dios a quien ella servía. Vea:

> *"Y de Siria habían salido bandas armadas, y habían llevado cautiva de la tierra de Israel a una muchacha, la cual servía a la mujer de Naamán.*

Esta dijo a su señora: Si rogase mi señor al profeta que está en Samaria, él lo sanaría de su lepra.

2 Reyes 5: 2-3

Ella no pasaba de una niña cautiva, en una tierra desconocida, pero que no se acobardó delante de la oportunidad de hablar del único capaz de cambiar todas las cosas y así vio toda la casa de su señor ser completamente transformada. Nuestros hijos necesitan ser así, pero antes necesitan verlo en nosotros.

Incontaminados

Daniel también vivía en medio a una sociedad pagana, pero permaneció firme, defendiendo su fe, aun cuando su fidelidad casi le costó la vida (Véase en Daniel 1:8-15). Así José también pasó por muchas pruebas por su fe, fue vendido como esclavo y sufrió innúmeras injusticias, sin embargo, la Biblia nos cuenta que Dios era con él en todo lo que hacía.

Imagínate que José era un "esclavo próspero", a mí me parece que estas dos palabras ni podrían estar juntas, no obstante, sabemos que este hecho curioso tenía una razón: José jamás se olvidó de las enseñanzas de su padre Jacob, en aquel momento él estaba en la condición de esclavo, sin embargo, desde muy pequeño sabía que fuera hecho para gobernar. Dios ya lo había dicho por medio de los sueños y su padre lo reforzó con la túnica de colores.

Vemos que importante es que los padres, profesores y siervos de Dios, hablen siempre a los niños como son especiales, que deben siempre seguir a los caminos del Señor pues Él tiene planes de grandeza para cada uno, no importa que las circunstancias digan el contrario.

Nuestros niños deben siempre saber que Dios los creó para hacer diferencia en este mundo. Precisan crecer oyendo a Dios como Samuel, corajosos como aquella niña en la casa de Naamán, incontaminados como Daniel y prósperos como fue José.

Esfuerzo regado con oración

Debemos orar para que nuestros niños desenvuelvan su vocación en la casa del Señor, estimularlas a servirlo y buscar su presencia. Pues los niños pueden recibir fuerza, gracia y coraje para continuar sirviendo al Señor por toda su vida.

Únicamente con visión espiritual, mente de Cristo y se guiados constantemente por Él se nos dará percepción que cada niño tiene necesidad de un aprendizaje conforme a su edad y capacidad y que se les damos oportunidad serán grandemente bendecidos.

Muchas iglesias no abrieron sus ojos para este asunto y por esto no dan al niño oportunidad de servir al Señor como deberían. Muchas veces ellos son sacados de sus lugares y quedan en pie o mal acomodados, de donde se les pide que se callen, a veces recibiendo advertencias de sus padres para que no caminen ni hablen durante los servicios.

Sabemos cuán importante es la reverencia en la casa de Dios, pero igual sabemos que los niños son muy importantes y hacen parte de la iglesia. Un niño no es un incómodo y tiene mucho que enseñar para los adultos. El Salmista nos dice que de la boca ellos, sale la alabanza perfecta (Véase en Mateo 21:16).

Qué lindo es ver que algunas iglesias tienen dado esta oportunidad para que adoren al Señor con fuerza y verdad. No podemos perder de vista que los niños son blanco frecuente de los medios y del diablo, que atacan duramente sus valores y creencias, poniéndoles dudas a respeto de todo, incluso sobre su propia sexualidad e identidad.

Son tiempos muy difíciles en que las leyes se ponen en desfavor de la familia. Por esa razón, debemos orar en todo tiempo con oración y súplica de espíritu, (Véase en Efesios 6:18) para que el Señor cuide de su pueblo y de los niños que juntos forman la Iglesia de Cristo sean fortalecidos en su fe.

Además, se hace extremadamente necesario que actuemos de forma práctica para que la iglesia sea un lugar donde los niños reciban apoyo y sean acogidos. Necesitamos estrategias y principalmente amor para que no se sientan a la margen, sin oportunidades, pues seguramente satanás hará todo lo que pueda para arrebatarlas.

Que seamos padres, líderes y profesores aprobados por Dios, para realizar esta obra, y jamás perder nuestros pequeños para los planes malignos, pues nada que les hacemos quedará sin recompensa:

> *"Así que, hermanos míos amados, estad firmes y constantes, creciendo en la obra del Señor siempre, sabiendo que vuestro trabajo en el Señor no es en vano".*

> *1 Corintios 15:58*

CAPITULO 6

Padre sanos, Hijos sanos

"Porque si alguno no provee para los suyos, y especialmente para los de su casa, niega la fe y es peor que un incrédulo".

1 Timoteo 5:8

En este capítulo me gustaría hablar un poco sobre la importancia de la familia en la vida de los niños. La familia puede ser tanto un muelle propulsor para el suceso del individuo como un agente de castración intelectual, emocional y hasta mismo espiritual, de manera que la persona se vuelva un total fracaso en todos sus intentos y determinaciones.

La primera gran dificultad que enfrentamos hoy es la deficiencia de la comunicación entre padres e hijos. Los padres batallan para dar lo mejor a sus hijos, no obstante, se olvidan de que lo que más necesitan es de su presencia y atención. Yo sé que la rutina de la mayoría es apretada, pero hay que tener sabiduría para administrar el tiempo para poder estar con los hijos. Tiempo de calidad es necesario no importa la edad.

No podemos permitir que los cambios imputados por el estilo de vida moderno perjudiquen los verdaderos valores. Los hijos necesitan tener siempre una puerta abierta de diálogo, poder comunicar sus necesidades, dificultades y anhelos. No se puede lograr una paternidad eficaz sin una comunicación franca y recurrente.

Presencia, no presentes

Cada día, escucho más historias de padres que para defenderse dicen ya estar haciendo lo mejor por sus hijos trabajando excesivamente, sin cualquier tiempo para dedicarse a ellos, que por su vez siéntense intimidados por la situación y no tienen apertura para hablar. Muchos padres, cuando procurados por sus hijos en búsqueda de consejos o mismo un tiempo a solas actúan con impaciencia y no valoran aquellos pequeños instantes, ignoran cuán carentes de atención están sus hijos.

Buscar de alguna manera compensar la ausencia dando juguetes o dejar que el niño haga todo lo que quiere es el peor camino que tomar. Pues el individuo que crece sin conocer límites o reglas es intratable y no sabe portarse en ningún ambiente, incluso en la iglesia.

Crecen revelando inmadurez, no saben cómo enfrentar situaciones que aparecen en su camino, siéntense demasiado frustrados, decepcionados y el resultado es una autoestima arrasada.

Infelizmente vemos que, sin orientación sobre la importancia del diálogo en la familia, tendremos cada vez más problemas sociales y también problemas relacionados al aprendizaje. Estamos delante de mucha información, pero sin cualquier paciencia para enseñar o aprender.

Por añadidura, quién no sabe esperar, no sabrá cómo lidiar con la palabra "no". Es algo tan serio que no genera apenas personas difíciles y consentidas, este tipo de tracto genera falta de osadía para enfrentar críticas con humildad y reconocer sus errores. Es como un ciclo con final desastroso.

El escritor Augusto Cury (2003) relata que los buenos hábitos contribuyen para desenvolver en los niños la motivación, osadía, paciencia, determinación, capacidad de superación, habilidad para crear y aprovechar oportunidades. Ocurre que muchos padres no logran reconocer sus propios errores y están presentando a sus hijos este mismo modelo de comportamiento.

Algunos tienen entregado la responsabilidad a los profesores, que en su mayor parte hacen bien su trabajo e intentan ayudar de alguna manera, no obstante, hay los que también entienden que no es parte de su competencia por eso nada hacen. Así, los niños crecen llenos de carencias que se reflejan en la dificultad de aprender.

Los problemas de aprendizaje hacen con que la autoestima del niño esté siempre baja, mientras los niveles de ansiedad se ponen altos causando tensión en la familia y en la escuela. Así se forma un caos emocional alrededor de aquel individuo, totalmente diferente de lo que Dios planeó.

Amor con sabiduría

La familia es creación de Dios y por medio de ella Él siempre deseó que su nombre fuera conocido en toda la tierra. Por eso, cuando leemos la Biblia Sagrada iremos encontrar innúmeras enseñanzas de como los padres pueden cuidar y velar por sus hijos.

Nunca conocemos un padre que no amase su hijo, no obstante, vemos un montón de ellos que no aplican su amor con amor con sabiduría. Es común que la familia piense que para aplicar el amor tiene que permitir que el niño haga lo que quiere, consintiéndola, a veces aplicando sermones y exigiendo demasiada disciplina, forzando al niño a adecuarse al modelo que la familia proyectó para él.

Sabemos que la palabra "cuidado" coloca el amor de la familia en el estándar más elevado. Es una palabra de comodidad con la cual todos parecen se identificar, pues representa una habilidad que la mayoría de los padres desea desarrollar, pues el cuidar bien resuelta en un niño fuerte y calmo.

El cuidado con los niños también hace parte de la vida de los abuelos, tíos, tías, padrinos, mentores, profesores y todos que aman y están comprometidos con el bienestar de ellos. En realidad, los pequeños no necesitan que sus familiares sean superhéroes, tan solo que estén presentes en los momentos de necesidad.

Según Augusto Cury, padres brillantes conocen el funcionamiento de la mente para educar mejor. Ellos precisan saber que necesitan ganar el territorio de las emociones de sus hijos, hacer del hogar un lugar de calidez, atención, compromiso y coherencia, así no hay como los métodos de enseñanza no funcionaren y los principios no absorbidos.

Cuidado profundo e inteligente

Infelizmente, hoy en día muchos padres se hicieron más eficientes en organizar sus hijos que cuidarlos. Organizar es algo que se hace en el cerebro, tiene que ver con concluir la terea para casa, ir a las clases de futbol o de música, comer, descansar, etc. Este tipo de arreglo de tiempo muestra que la familia está comprometida para que el niño desarrolle competencias y potencial. No obstante, yo me hago la siguiente pregunta: ¿Esto es suficiente?

La familia debe tener ciencia de que es cuidar, y que hacerlo va mucho más allá de organizar, es una cosa que se hace con el corazón y con la mente. Tratase de añadir abrazos, elogios, besos y todo tipo de acto que muestre a aquel niño que es acepto e importante para la familia. El cuidar necesita ser profundo e inteligente.

Los padres idealizan dar lo mejor para sus hijos, buscan los mejores juguetes, las mejores ropas y zapatos, la mejor escuela y así por delante. Inclusive buscando darles aquello que no tuvieron cuando niños. E para hacerlo trabajan noche y día.

En la Biblia nos deparamos con la historia de padres que dieron mucha riqueza a sus hijos, pero fallaron en estar presentes. Fueron hombres que vencieron guerras y grandes batallas, pero cuando el asunto era la familia salieron derrotados, y mismo intentando revertir el cuadro no conseguirán, pues ya era demasiado tarde.

Ser padre no es tarea nada fácil, pero aquellos a quienes Dios dio hijos necesitan perfeccionarse en esto, creando con amor, buscando defenderlos siempre que necesario y haciendo su papel con la más grande diligencia y aptitud posible.

Los peligros de la sobreprotección

Crear hijos con amor, no es sobreprotegerlos, por sobreprotección se entienden actitudes excesivas que pretender alejar el niño de cualquier situación que salga del control, un veto a la autonomía común y necesaria al desarrollo. Actuar de esta manera puede generar grandes daños.

Por ejemplo, cuando los padres sobreprotectores llevan sus hijos para pasear en el parque o en la plaza, hay otros niños jugando, ellos corren, pulan, ruedan por el suelo, mientras sus hijos quedan sentados, apenas mirando a otros jugando. Cuando se les permite que jueguen, el padre está pronto para tomarlos al final del tobogán, así también la madre, a quien apenas le falta irse en lugar del niño.

Actuando de esta manera los padres se interponen al aprendizaje y exploración, no permitiendo la ampliación de la autonomía y construcción de la autoestima. Este cuidado excesivo, aunque proveniente de una buena intención es un obstáculo al desarrollo, el individuo que así crece desconoce sus potencialidades y presenta dificultades de socialización.

Conocer y respetar

Uno de los puntos importantes para que los padres acierten en el cuidado de sus hijos tiene que ver con conocer. Aquellos que tienen poco tiempo o ningún conocimiento sobre las características del desenvolvimiento cognitivo, psíquico y tampoco entienden cómo funciona el aprendizaje, suelen tener dificultad en participar de la vida de los hijos.

Infelizmente hay muchos padres que dicen palabras maravillosas para sus hijos, pero erran cuando actúan con intolerancia, agresividades parciales y disimuladas, creando así a un abismo emocional entre ellos y sus hijos. No sabiendo que, construyendo una excelente imagen podrá establecer una buena relación y comunicación con sus hijos.

Para que el niño se sienta amado es necesario que sobre todo sea respetado. El suele cometer muchos errores, no obstante, es así como aprende. Por eso, cuide por tratar sus fallas de manera adecuada y así él va a sentir que alguien de hecho se importa y va a retribuirlo por medio de respeto y obediencia.

El niño es fruto de su hogar, así se en su relación familiar no hay comunicación, ¿cómo esperar que logré comunicarse con el mundo afuera? La comunicación positiva, trabajada desde el nacimiento hace con que el niño crezca sintiéndose aceptado por su familia y por la sociedad donde vive.

El niño necesita de un ambiente propicio para desarrollarse, como ya decimos en los capítulos anteriores, el hogar necesita ser permeado en primer lugar por la presencia de Dios y así mostrarse como el lugar donde recibirá atención y afecto de la familia, esenciales para su buen desenvolvimiento.

No tiene sentido el niño poseer todo si no tiene el amor de sus padres, pues es el amor que rompe barreras que impiden la buena comunicación, que torna posible la aceptación mutua y que crea lazos imposibles de romper:

"Porque el amor cubre infinidad de pecados"

1Pedro 4:8b

CAPITULO 7

Una palabra a los maestros

"Porque al que tiene, le será dado, y tendrá más..."

Mateo 25:29a

¿Cómo sería un buen profesor de Escuela Dominical? ¿Cómo sería un líder de niños? ¿Cuáles son las características de un buen dirigente del coro infantil? Estas son preguntas que necesitan respuesta, pues como ya lo decimos anteriormente vivemos un tiempo donde no se tiene dado la debida la importancia al llamado (talento) para hacer la obra de Dios, especialmente en lo que se refiere a los niños y adolescentes.

En este libro enfocamos la importancia del niño en la obra de Dios y de cómo puede y debe colaborar con el trabajo de la iglesia expresando el señorío de Jesús donde esta inserido. Para que eso sea una realidad, Dios cuenta con personas capaces y que tengan talento para ayudarlos a crecer y desarrollarse en amplio aspecto.

Hay personas que ya nascen con una vocación, ya otras que descubren sus aptitudes con el tiempo. Para cada uno Dios concede un don natural, cada uno es diferente, pero todos provenientes de Aquel que desde el principio llenó al hombre de gracia y sabiduría para realizar algo en su obra.

Observamos en la historia del pueblo hebreo que cuando Dios ordenó a Moisés la construcción del Tabernáculo, él mismo dibujó exactamente como debería ser. Dios también dio a cada una de las tribus el don para realizar aquella obra. Unos trabajaban con madera, otros con tejidos, otros en la fundición de oro y plata etc.

Lo más importante es que Dios dio la capacidad para cada una de aquellas personas para realizar su trabajo con ahínco y perfección. Meditando sobre este tema me puse a pensar que es lo mismo que Dios espera de cada uno de nosotros. Él nos dio dones y talentos y espera que los usemos para Su gloria y que lo hagamos de la mejor manera.

Obrando en el don

Es nuestro deber como profesores, personas llamadas para esta noble misión, valorizar lo que Dios nos entregó y hacer con excelencia como los colaboradores del Tabernáculo.

Infelizmente, vemos que muchas personas ocupan un liderazgo sin que sea su don o talento. Ellos no recibieron llamado de Dios para trabajar en aquella área o departamento y lo hacen por necesidad o por otros motivos. No obstante, se actuamos basados en el llamado Él mismo se encargará de nos orientar como aplicar los dones:

"De manera que, teniendo diferentes dones, según la gracia que nos es dada, si el de profecía, úsese conforme a la medida de la fe; o si de servicio, en servir; o el que enseña, en la enseñanza."

Romanos 12:6-7

"Procura con diligencia presentarte a Dios aprobado, como obrero que no tiene de qué avergonzarse, que usa bien la palabra de verdad".

2 Timoteo 2:15

Todos los llamados por el Señor para el ministerio precisan estar atentos para estos versículos, pero especialmente aquellos que tienen el ministerio de enseñanza. Enseñar no es algo que se puede hacer de cualquier manera, es necesario preparación, búsqueda de conocimiento para realizar esta tarea.

Otro punto importante es estar en el lugar correcto, conforme el talento entregue por Dios, pues así el trabajo realizado prosperará, dará frutos. No obstante, se alguien ejerce una función en la iglesia cuyo lugar no le pertenece, no es su llamado, la persona y la obra sufrirán grandemente.

Si usted es profesor de Escuela Bíblica Dominical, sea cual sea la franja de edad, precisa estar seguro de que este es su llamado y que es el tiempo de Dios. La Biblia también enseña sobre el "neófito" y que es necesario que uno para ejercer la función de enseñar ya camine desde hace un cierto tiempo con Cristo. Los niños también necesitan ser enseñados por personas llenas del conocimiento de la Palabra y que la enseñen con verdad.

No es suficiente querer hacer, tiene que ser llamado y tener el don de enseñanza. Para ser profesor son necesarias dedicación, esfuerzo y gracia. Por esa razón, pensaremos de forma más práctica sobre cuáles son las cualidades de un buen profesor de niños.

Requisitos necesarios para trabajar con niños

En primer lugar, sabemos que todos los que desean hacer la obra de Dios deben haber aceptado al Señor Jesucristo como su único Salvador, pues ¿qué vida podrán pasar adelante si aún no hubieren experimentado de la obra redentora de Cristo en sí mismos?

"Si confesares con tu boca que Jesús es el Señor, y creyeres en tu corazón que Dios le levantó de los muertos, serás salvo. Porque con el corazón se cree para justicia, pero con la boca se confiesa para salvación.".

Romanos 10:9-10

El segundo prerrequisito básico es tener el llamado de Dios, pues el deseo de servir a Dios procede de un encargo especial que el Espíritu Santo comunica al corazón de los electos. Una vez tiendo manifestado su llamado necesita ser alguien que se santifica, busca conocer la Palabra, da buen ejemplo a los demás transmitiendo confianza y seguridad en lo que enseña.

Otro punto bastante relevante es que sea espiritualmente maduro, que tenga experiencia con el Señor Jesús e intimidad con su persona y su Palabra, además de conocer la obra misionera para poder compartir a los niños de la iglesia, no olvidando que Jesús fue el más grande misionero de todos los tiempos:

"Porque de tal manera amó Dios al mundo, que ha dado a su Hijo unigénito, para que todo aquel que en él cree, no se pierda, mas tenga vida eterna".

João 3:16

El profesor también debe tener una vida de oración, ser puro en toda su manera de vivir, ser humilde y depender de Dios y de su sabiduría para realizar la obra, además de mostrarse enseñable y abierto al consejo de los que tienen más experiencia.

Además, necesita ser amoroso con los niños y adolescentes, tratar a todos con dignidad y ser solícito para esclarecer dudas que puedan surgir durante la enseñanza. Debe dedicarse al ministerio, respetar su pastor y líder y priorizar el Reino de Dios.

Aquel que enseña también necesita ser didáctico, conocer la gente que instruye y buscar los recursos para tornar el aprendizaje más interesante y eficaz. Debe también mostrarse perseverante en la adversidad y encorajar sus alumnos a también servir al Señor dentro de sus condiciones.

El profesor es una fuente perene de inspiración para sus alumnos, su amor, responsabilidad y dedicación a los pequeños debe ser la marca de su ministerio.

Por eso, no menosprecies el don que el Señor le concedió, hace la obra con integridad y busque alegrar el corazón de

Dios y verá cuán grandes recompensas y que ricas bendiciones Él tiene para derramar sobre los que se disponen.

Oración, la más poderosa herramienta que existe

Un profesor, antes de todo precisa ser una persona que ora, debe clamar por sus alumnos, líderes, por el despertamiento de la iglesia y por los miembros del ministerio. La oración hará con que la voluntad de Dios prevalezca en detrimento de la nuestra, hará con que los niños y adolescentes se fortalezcan y que sus corazones estén receptivos al toque del Señor.

La comunicación con Dios debe ser algo vital y precisamos también enseñar los pequeños a orar. Es a través de la oración que el individuo progresa espiritualmente. Orar es poner toda nuestra confianza en Dios y el niño desde temprano necesita experimentar este cuidado amoroso del Señor, ver sus preces respondidas, su fe edificada. Estas son experiencias indelebles con la oración en la infancia, son marcos que jamás serán removidos.

Además, la oración es la única arma eficaz para vencer al pecado. Los niños también tienen sus luchas y necesitan establecer esta comunicación directa con Dios. No hay vida con Dios lejos de la oración y de la meditación en la Palabra, por eso, todo nuestro esfuerzo para con ellos necesita ser regado con oración, caso contrario no perdurará. Vea que nos enseña el apóstol Pablo:

> *"Orando en todo tiempo con toda oración y súplica en el Espíritu, y velando en ello con toda perseverancia y súplica por todos los santos".*

> *Efesios 6:18*

La oración debe ser un hábito de vida para el profesor que inspirará sus alumnos. Enseña y encoraje sus alumnos a tener una vida de oración y esta práctica llevará ambos para una nueva dimensión, el cielo se ligará a la tierra y recibiremos de Dios todo lo necesario para cumplir su voluntad y realizar su obra.

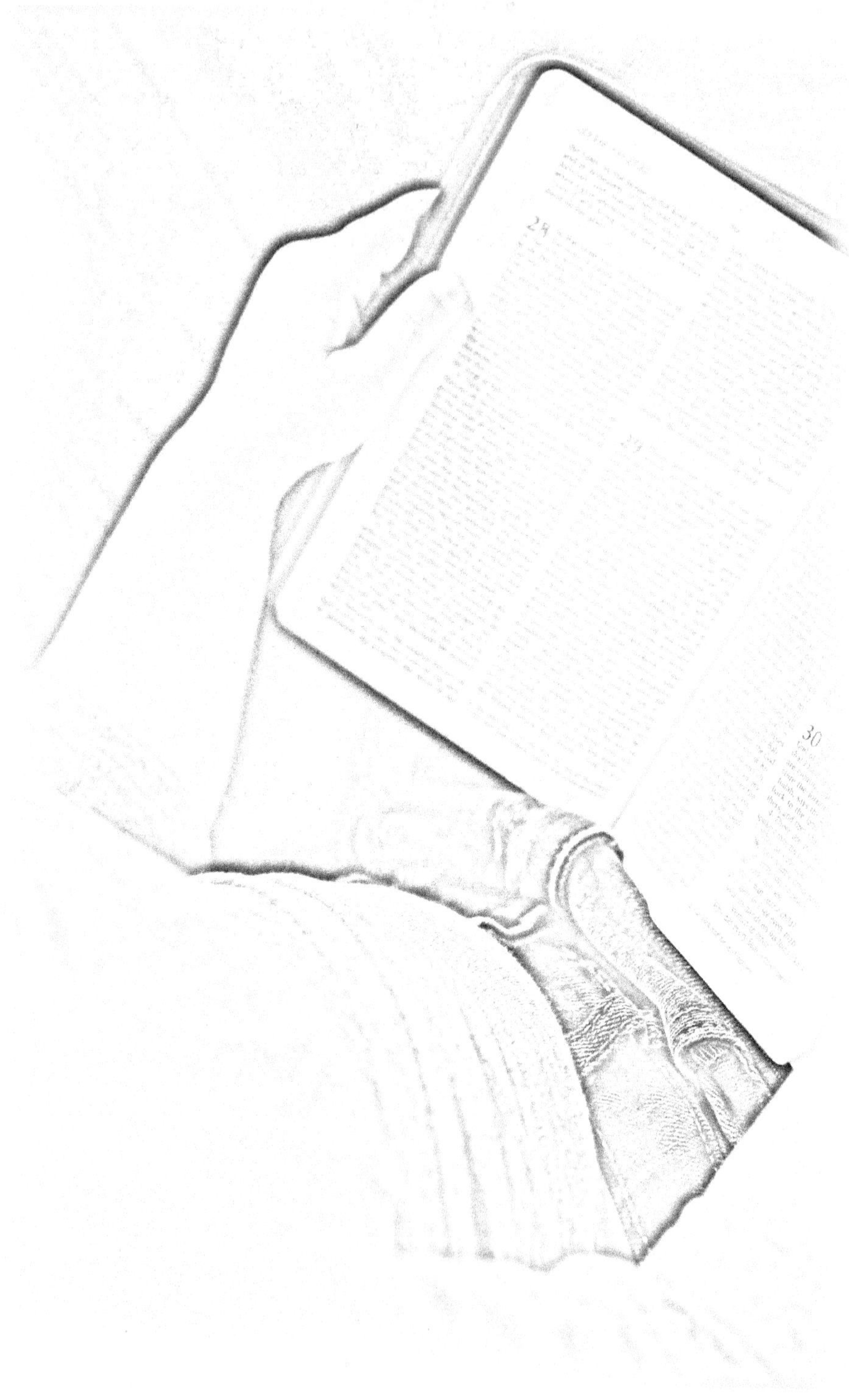

CAPITULO 8

Yo tambiém quiero oír sobre Jesús

"Y les dijo: Id por todo el mundo y predicad el evangelio a toda criatura".

Marcos 16:15

En este capítulo nos dedicaremos a la importancia de hablar sobre Jesús para los niños. No se trata de contar una "historia", sino llevarlos al pleno conocimiento de la persona de Cristo y conducirlos a una experiencia de salvación y nuevo nacimiento.

En primer lugar, el profesor necesita de un buen conocimiento del plan de salvación y tener un corazón que late por el mismo motivo que el corazón de Dios, cuyo más grande gozo y anhelo es por la salvación de las almas, sean ellas de adultos o niños.

Debemos tener claro que el mandato del Señor Jesús incluye los niños. Vivemos tiempos de tanta violencia en contra ellos, tanta falta de amor y respeto para con la inocencia que muchas veces nos sentimos frustrados y decepcionados con aquellos ministerios que perdieron el encargo por ganar sus almas para Cristo.

Veo que algunos de nosotros están tan preocupados con las cosas de este mundo, como alcanzar una buena posición en la iglesia, o involucrados con trivialidades que los consumen las fuerzas que su percepción se ve borrada sobre aquello que Dios espera de ellos.

Un grito por socorro

Diferente do que muchos piensan, los niños están gritando por socorro, por salvación, ellos también desean poder sentir esta esperanza, necesitan sentirse felices por saber que el cielo los espera. Los niños necesitan desesperadamente de Jesús.

¿Qué estamos haciendo para ganarlos para Cristo? Se respondernos con sinceridad veremos que no mucho. Pues muchos de nuestros niños están en la "estantería" esperando un momento que quizá nunca llegará para que les presentemos la maravillosa persona de Cristo. Es tan triste que tan solo después que ellos tuvieren hecho todas las malas elecciones y se encuentren absortos por la lama del pecado uno se va a preocupar por sus almas.

No obstante, predicar el evangelio para los niños se tornó urgente, pues miles de ellos son víctimas de violencias todos los días y as veces dentro de sus propios hogares. Muchos son llevados a envolverse con drogas, exploración, abusos sexuales y trabajo infantil y tristemente, los que los exponen a estas cosas son los que deberían protegerlos. ¿Y nosotros, la iglesia qué estamos haciendo?

Estamos en los momentos finales, Nuestro Señor está regresando e ya es hora de dejar de buscar posiciones e ir por las almas que mueren todos los días sin Cristo. He visto en este tiempo que sirvo al Señor por su misericordia, que muchas personas en la iglesia desean destacarse dentro de la congregación, pero Dios espera de cada uno de sus hijos que brillen en este mundo predicando el evangelio.

Este mundo está enfermo, los valores todos se invirtieron, miles en este momento padecen hambre, frío, dolor, humillaciones y no hay nadie que pueda ir por ellos. Nadie dispuesto a abrazarlos, ayudarlos, mirar dentro de sus ojos y decirles que hay en el cielo un Dios que los ama y que tiene un futuro para ellos.

Yo creo en un evangelio dinámico, poder de Dios capaz de cambiar la vida y la historia más difícil. Creo en un evangelio capaz de rescatar un niño del medio de la basura y ponerlo asentado junto a los príncipes. Es algo que depende de cada uno de nosotros, de que nos levantemos para responder al llamado de Dios e les enseñemos a nuestros niños todo el tiempo:

> *"Y amarás a Jehová tu Dios de todo tu corazón, y de toda tu alma, y con todas tus fuerzas. Y estas palabras que yo te mando hoy, estarán sobre tu corazón; y las repetirás a tus hijos, y hablarás de ellas estando en tu casa, y andando por el camino, y al acostarte, y cuando te levante".*

> *Deuteronomio 6:5-7*

La Palabra de Dios carga consigo este poder transformador y debe ser enseñada de forma diligente. ¿Se no hay instrucción, cómo ellos seguirán al Dios verdadero? Vea que sucedió al pueblo de Israel después que Josué falleció:

> ***"Y el pueblo había servido a Jehová todo el tiempo de Josué, y todo el tiempo de los ancianos que sobrevivieron a Josué, los cuales habían visto todas las grandes obras de Jehová, que él había hecho por Israel. Pero murió Josué hijo de Nun, siervo de Jehová, siendo de ciento diez años. Y lo sepultaron en su heredad en Timnat-sera, en el monte de Efraín, al norte del monte de Gaas. Y toda aquella generación también fue reunida a sus padres. Y se levantó después de ellos otra generación que no conocía a Jehová, ni la obra que él había hecho por Israel. Después los hijos de Israel hicieron lo malo ante los ojos de Jehová, y sirvieron a los baales. Dejaron a Jehová el Dios de sus padres, que los había sacado de la tierra de Egipto, y se fueron tras otros dioses, los dioses de los pueblos que estaban en sus alrededores, a los cuales adoraron; y provocaron a ira a Jehová".***

> ***Jueces 2:7-12***

Perciba que los padres fallaron en transmitir a sus hijos las enseñanzas, que hizo con que se olvidasen del Dios verdadero. Se fallarnos en enseñar la Palabra a nuestros niños nos seguirá una generación que nada sabe sobre nuestro Cristo.

De ellos es el Reino

"Y dijo: De cierto os digo, que si no os volvéis y os hacéis como niños, no entraréis en el reino de los cielos. Así que, cualquiera que se humille como este niño, ése es el mayor en el reino de los cielos. Y cualquiera que reciba en mi nombre a un niño como este, a mí me recibe. Y cualquiera que haga tropezar a alguno de estos pequeños que creen en mí, mejor le fuera que se le colgase al cuello una piedra de molino de asno, y que se le hundiese en lo profundo del mar".

Mateo 18:3-6

La Biblia nos muestra que los niños no apenas son importantes para Dios como también un ejemplo a ser seguido, son humildes, sencillos y tienen facilidad en creer. Llevarlos a Cristo no es difícil, precisamos apenas mostrarles la necesidad de salvación y que Jesús, el Hijo de Dios es el único camino, verdad, vida y murió por sus pecados.

Al hablar de Jesús para los niños presenta la Palabra de Dios con verdad, sin miedo, pues ellos van a entender y desfrutarán de salvación. Sus corazones sinceros no tendrán dificultad en comprender que Dios ama al pecador y tiene interés que sean salvos por medio de la fe.

Nascidos en pecado

Los niños necesitan de salvación por un motivo simples: "Por cuanto todos pecaron, y están destituidos de la gloria de Dios" (Romanos 3:23). Los niños son pecadores por naturaleza, son inclinados al pecado, e por eso están alejados de Dios como cualquier uno de nosotros, sin embargo, pueden religarse a Él por medio de Cristo.

El hombre ya nasce en pecado como ya dijimos y la consecuencia de una vida de pecado es la separación de Dios y por consiguiente la muerte. Los niños deben saber que el pecado los llevará a la muerte eterna, pues no agrada el corazón de Dios.

Debemos hablar de este amor con cuidado, pero siempre con verdad, llevándolos a conocer el propósito de la muerte expiatoria de Jesús. Por qué tuvo de morir por toda la humanidad sin acepción de personas, de manera a incluirlas en su Reino.

Al mostrar al niño el plan de salvación debemos enseñarlos también que la muerte y resurrección de Jesús, fue suficiente para satisfacer la justicia de Dios y no precisamos pagar nada por esta salvación porque Él lo ha pagado por todos nosotros.

Ellos igualmente precisan saber que ahora sus nombres están escritos en el Libro de la Vida y pueden sentirse seguros pues pasaron a hacer parte de la familia de Dios y cuando partieren de este mundo vivirán eternamente con Él. ¡Gloria a Dios!

Explicando el plan de salvación

Hay muchos métodos que podemos usar para evangelizar los niños, materiales que van a auxiliar al profesor en esta tarea: libro sin palabras, dibujos, pancartas con textos bíblicos, folletos infantiles, historias, himnos, títeres, hay una infinidad de recursos disponibles.

Lo más importante es que el maestro haga su mejor orando y buscando de Dios la capacitación necesaria para conducir sus alumnos hacía Cristo. Es siempre recomendable que el profesor ayude al niño en el momento de la confesión del señorío de Cristo y haga una oración para que él repita. Además, que se lo explique la necesidad de salvación, para que esté consciente de cuán importante es esta decisión.

Otro punto importante es invitarlo a dirigirse a frente para que todos oren por él y que se le llame por su nombre, se necesario que el maestro lo acompañe para que no se sienta avergonzado. Enseguida se puede llevarlo a un lugar reservado donde otros niños que ya son parte de la iglesia lo recibirán con un caluroso abrazo, esto lo hará feliz por hacer parte de la familia de Dios.

Después de todo, no se olvide de incluirlo en las actividades de la iglesia para que se desarrolle espiritualmente y fortalezca los vínculos con los demás miembros de aquella congregación, una de las propuestas es invitarlos a ser parte del coral Infantil.

Profesor, lea cuidosamente el capítulo 18 de Mateo y reciba toda la capacitación y conocimiento necesario con respeto a la salvación de los niños. Que Dios lo use poderosamente para que esta nueva generación de niños conozca la Palabra de Dios y especialmente conozca y se relacione con la persona de Jesús.

Que Dios lo capacite a ser un ganador de almas para su Reino y que sepas que una herencia de niños y niñas comprometidas con Cristo y su Obra lo aguarda en la Eternidad. ¡Dios los bendiga!

CAPITULO 9

Como discipular al niño

> *"Por tanto, id, y haced discípulos a todas las naciones, bautizándolos en el nombre del Padre, y del Hijo, y del Espíritu Santo; enseñándoles que guarden todas las cosas que os he mandado; y he aquí yo estoy con vosotros todos los días, hasta el fin del mundo. Amén".*
>
> *Mateo 28:19-20*

El mandato del Señor no incluye apenas el "id" como también el "haced discípulos", que nos muestra un esfuerzo que se debe hacer para enseñar al nuevo nacido los principios elementares de la Palabra de Dios. Y cuando se trata de niños no puede ser diferente, necesitamos dar continuidad al proceso de tornarlos discípulos del Señor Jesucristo.

El primer paso es incluirlos en las actividades de acuerdo con su edad, enseguida acompañarlo regularmente, pues dependiendo de la edad ellos van a empezar hacer preguntas sobre la iglesia, Jesús, el Espíritu Santo y Dios. Levantarán cuestiones como: ¿Qué es el pecado? ¿Cómo Dios castiga al pecador? ¿Cómo puedo hacer para no pecar?

Estas preguntas siempre van a estar en la mente de los niños y el profesor debe estar listo para responderlas con base en la Palabra de Dios. El niño también puede tener dudas en su corazón sobre se es de hecho salvo o sobre que sucedió a Jesús después de su muerte y donde está ahora. Toda e cualquier pregunta necesita ser respetada y respondida, pues ellas hacen parte del proceso de madurez de la fe.

Otro punto muy importante es instruirles sobre oración. Es por medio de ella que el profesor va a enseñar al niño sobre ser agradecido a Dios por su amor, perdón y por todos los beneficios que concede diariamente. Empiece orando, pero siempre los estimule a usar sus propias palabras. Muéstrales que la amistad con Dios es un regalo precioso.

Igualmente cabe a los profesores incentivar sus alumnos a conocer la Palabra de Dios, mostrándoles que en ella está todo lo necesario para aprender y conocer sobre Dios. Ayúdelos a manejarla y los estimule a encontrar en la Biblia la verdadera fuente de sabiduría y fuerza para vencer al pecado.

Enseñanza práctica

Es muy importante que las enseñanzas ministradas a los niños sean fuertemente bíblicas, pero también prácticas. De manera que los niños puedan comprenderlo y aplicarlo en su vida cotidiana. Por esto, recomiendo que se les de ejemplos y que sean integradas a la Palabra de Dios. Repita bastante los versículos bíblicos y los invite a repetir y memorizar.

Profesor, busque recursos que puedan auxiliarlo en esta tarea, como títeres y dibujos. Mientras el niño va sintiendo más confianza, de pronto va a lograr leer los textos en su propia Biblia y no apenas quedará en lo visual, no obstante, tenga paciencia y no deje de incitarlo a conocer, aunque no tenga total destreza con la Palabra.

Enséñale también a memorizar los versículos bíblicos y se sentirá importante al participar de estos desafíos, usted puede hasta mismo darles un pequeño regalo con el objetivo de encorajarlos aún más. Lo más importante es que puesto en una situación de conflicto, él pueda aplicar las verdades bíblicas aprendidas.

La importancia de la Adoración

¿Y la alabanza? Es muy importante que su discípulo esté involucrado en el departamento de alabanza de la iglesia, invítelo a participar del coro infantil o ministerio musical. ¡Qué lindo es cuando los niños alaban al Señor!

La música es un instrumento tremendo de evangelización, auxilia en el desarrollo, en la formación de la personalidad, pero sobre todo es parte del don que Dios concedió a los pequeños:

"Y le dijeron: ¿Oyes lo que éstos dicen? Y Jesús les dijo: Sí; ¿nunca leísteis: de la boca de los niños y de los que maman perfeccionaste la alabanza?"

Mateo 21:16

Los niños nacieron para adorar, pero cuidado con aquellas canciones que apenas mueven la gente, es importante que tengan un buen contenido bíblico y que demuestren realmente la importancia de la adoración al Señor.

Otro punto que debemos abordar es la excelencia, pues no es porque son niños que no les debemos ofrecer lo mejor y que ellas no deben dar su mejor a Dios. Infelizmente nuestros niños están siendo influenciados a hacer las cosas de manera perdularia para Dios. Los niños que receben lo mejor darán siempre su mejor.

Sea un colaborador para que el departamento infantil de su iglesia refleje el valor que tienen los niños. No permita que ellos sean relegados a un plano de importancia secundaria, ni que tengan en la iglesia un lugar donde cualquier patrón de servicio y conducta es acepto.

Dios nos llamó para este ministerio para marcar diferencia y no para nos dejemos influenciar y hagamos las cosas como hace el mundo. Crea en su ministerio y en el llamado que recibiste y hace tú mejor para Dios siempre.

Soy parte del ministerio Infantil hace más de treinta años y veo algunos patrones inversos, precisamos ser muy celosos con que Dios nos confió, pues los fundamentos lanzados en la niñez perdurarán por toda la vida, por eso es tan importante buscar de Dios todo que compartiremos con nuestros niños.

Respeto a la franja etaria

Sería muy importante que las canciones, así como las enseñanzas fuesen seleccionadas de acuerdo con la edad de los niños. En la escuela Dominical tenemos variadas clases atendiendo a diversas edades y cada una de ellas adaptada a la fase que se pretende alcanzar.

Es importante buscar también canciones relacionadas y de fácil memorización, pues cuando hablamos en discipulado estamos tratando con alguien que recién nació en la fe y que no tiene aún mucho embasamiento ni intimidad con determinados términos y conceptos.

En este quesito, se debe llevar en cuenta no apenas el contenido, sino también la melodía de las canciones propuestas, si no posee muchas notas difíciles de entonar, si el himno no hace muchas vueltas se tornando inaccesible hasta mismo al profesor.

En suma, es esencial que haya dedicación, cariño, responsabilidad y mucha gracia de la parte de Dios, pues sí el esfuerzo para enseñar el camino de Dios a los pequeños será bien sucedido.

No desista del ministerio infantil, estoy cierta que el Señor irá capacitarlo, busca a Dios diligentemente y encontrará fuerza, destreza y capacidad para realizar este hermoso trabajo, que tanto trae gozo al corazón de Dios.

En todo tiempo trabajando con niños y adolescentes enfrenté muchos desafíos y acredite que aún los enfrento. No obstante, el Espíritu Santo me ayudó y sigue ayudándome a vencer. Usted también verá que durante su trayectoria Dios siempre le dará estrategias para trabajar para Él.

CAPITULO 10

Cumple el desafío

"Pero esforzaos vosotros, y no desfallezcan vuestras manos, pues hay recompensa para vuestra obra".

2 Crónicas 15:7

"- No soy un robot, soy una persona que tiene sentimientos, estoy harta de continuar pasando por esto o aquello, ¡no voy a continuar... yo desisto!"

Cuantos de nosotros ya hablamos estas cosas, ¿verdad? A veces pensamos en parar por si multiplicaren los problemas. Son problemas relacionados a familia, amigos, trabajo, escuela, problemas económicos, personales, espirituales, conyugales y otros. Si fuéramos escribir todos los problemas que enfrentamos la lista sería demasiado larga.

No obstante, necesitamos recordar que hay maneras de vencer estos desafíos y enfrentarlos con la gracia que Dios concede a todos que se entregan sin reservas a su voluntad y sobre eso me gustaría descorrer durante este capítulo.

Me recuerdo de un periodo en que fui enviada para trabajar en una ciudad pequeña en el estado de Minas Gerais. Yo tenía veintiún años, era muy joven y pretendía actuar junto a los niños de aquella ciudad.

Por ser joven tenía mucha fuerza y ánimo para hacer la obra de Dios, estaba dispuesta a llevar el Evangelio para aquellos niños, así como para alcanzar aquellas familias para Cristo. Yo salía al campo invitando los chicos para participar de la clase de buenas nuevas.

Una vida de renuncias

Se trataba de un trabajo desafiador, pues yo caminaba por varios kilómetros tocando de puerta en puerta, y muchas veces sin cualquier buen resultado. Volvía agotada a la casa, con sed, hambre y sin ver frutos de mi esfuerzo, pues algunos padres me prometían enviar sus hijos si los buscase, pero cuando llegaba a la puerta de la casa fingían que no había nadie en la casa.

Los problemas en la vida de un profesor son muchos, la falta de amigos, de compañerismo, las envidias, celos etc. La mayor parte de estos problemas tiene que ver con relacionamientos y personas, pero no podemos olvidar que hay una investida maligna, pues el diablo actúa incansablemente para que los niños no sean alcanzados por el Señor.

El Señor Jesús una vez nos dijo que en este mundo pasaríamos por muchas aflicciones, pero deberíamos confiar pues

Él venció al mundo (Véase en Juan 16:33). Por eso, lo animo a seguir creyendo, aunque para obedecer al llamado de Dios, usted necesite dejar atrás toda la estructura, padres, amigos y familiares, pues nada de esto es vano y todas las luchas que enfrentamos rendirán en gloria y alabanza a Dios.

Precisamos entender la importancia de lo que hacemos, pues un niño que recibe al Señor Jesús es un canal poderoso apara alcanzar su familia. Por eso, es fundamental estar preparado no apenas en lo natural, pero igual espiritualmente para discernir las diversas situaciones que se presentan a nosotros y vencerlas en la fuerza que Dios da.

Un trabajo fundamentalmente espiritual

Cuando las dificultades surgen en nuestras vidas, generalmente, intentamos resolverlos por nosotros mismos, buscamos soluciones y actuamos en el problema. Sin embrago, hay soluciones que pueden parecer muy eficaces, aun así, ser equivocadas y atrapar la solución de Dios para el problema. Por eso, antes de intentar resolver, ore a Dios.

Estos problemas pueden ser de naturaleza material o espiritual y todos nosotros estamos pasibles de enfrentarlos en algún momento de nuestra vida y ministerio. Pero debemos ter por cierto que la manera más sabia y eficaz de resolverlos siempre será buscar una respuesta en Dios.

Tenemos una fuerte tendencia de esperar demasiado en otras personas, buscar en ellas una solución para que se nos está sucediendo, y en muchas situaciones ellas pueden ser un grande alivio, pero solamente en Dios hay poder para sanar cualquier problema. Vea qué nos enseña el salmista:

"Dios es nuestro amparo y fortaleza, nuestro pronto auxilio en las tribulaciones. Por tanto, no temeremos, aunque la tierra sea removida, y se traspasen los montes al corazón del mar; aunque bramen y se turben sus aguas, y tiemblen los montes a causa de su braveza".

Salmos 46:1-3

Hace como muchos hombres de Dios a lo largo de la historia y crea en aquel que es capaz de dar todas las respuestas a las angustias del corazón humano. Expóngale sus problemas, cuéntale su dolor y es cierto que le llegará alivio de la parte de Dios. No obstante, lo advierto que cuide para no tornarse alguien egocéntrico, orbitando alrededor de sus problemas.

He visto muchas oraciones cargadas de "yo quiero", "yo necesito". Como he dicho no hay nada malo en pedir, necesitamos "hacer conocidas delante de Dios nuestras peticiones" (Véase en Filipenses 4:6), sin todavía centrar todas nuestras oraciones en nosotros mismos.

¿Ya pensaste que as veces parece sufrir más que otros? Es un tipo de pensamiento muy equivocado y tiene por lo menos dos errores graves, en primer lugar, no comprende que hay gente con mucha más necesidad que nosotros y además no es centrado en Dios, sino en problemas que nada representan delante de la grandeza del Dios que servimos:

"He aquí que yo soy Jehová, Dios de toda carne; ¿habrá algo que sea difícil para mí?"

Jeremías 32:27

Somos limitados en percibir las situaciones, no buscamos ver por el punto de vista de Dios y quedamos presos a nuestra propia visión de las cosas, a la manera que los queremos ver. Crea, yo ya pasé por todo esto, cuando estaba siendo egoísta en mis oraciones, vendo apenas mis problemas en el ministerio, y me resultó inútil.

Con el paso de los años he aprendido que las dificultades y problemas sirven de experiencia, y que podemos contar con Él en todo tiempo. La gente puede fácilmente fallar en "socorrernos", pero Él jamás. Por esto, lo animo a hacer un pacto con Dios y su Palabra.

El profesor que busca a Dios tiene más experiencia con Él, desarrolla intimidad, vive mucho más allá de la teoría o de las vivencias ajenas. No estoy con esto diciendo que las enseñanzas de otros no son eficaces, pero el obrero necesita ser él mismo probado y aprobado por Dios por medio de sus propias experiencias.

Obteniendo Estrategia

Se observarnos la Biblia veremos que todos aquellos que estaban a servicio de la obra de Dios, tuvieron sus experiencias con Dios y fueron aprobados por Él. Veremos también que aquellos que vencieron sus batallas tenían una profunda intimidad con Dios, desarrollada por medio de la oración.

La oración es este lugar donde hablamos, oíamos y somos oídos. En la vida de oración recebemos estrategias para luchar nuestras batallas diarias, allí es donde lanzamos delante de Dios nuestras pesadas cargas y tomamos sobre nosotros el "yugo fácil" y la "carga ligera" del Señor Jesucristo (Véase en Mateo 11:30).

Un relato bíblico que me encanta y pienso retrata muy bien la estrategia de Dios dada por intermedio de la oración es la historia de Ester. Esta mujer sabia y extraordinaria venció sus enemigos por el poder del ayuno y de la oración. Vea:

> *"Ve y reúne a todos los judíos que se hallan en Susa, y ayunad por mí, y no comáis ni bebáis en tres días, noche y día; yo también con mis doncellas ayunaré igualmente, y entonces entraré a ver al rey, aunque no sea conforme a la ley; y si perezco, que perezca".*

> *Ester 4:16*

Hasta aquel momento Ester no había estado delante de tan grande peligro, pues la persona que ella debería denunciar era alguien bastante influente, un hombre de confianza del rey Asuero. Amán fue exaltado por el rey, tornándose el primer, el más importante de todos los príncipes, por eso la reina Ester necesitaba de una buena estrategia.

No obstante, Ester contaba con la ayuda y la orientación de un hombre muy importante y con mucha más experiencia, este hombre era su tío Mardoqueo, que la recordó del propósito de Dios en ponerla como reina de aquel pueblo. Sumamente él le dice que su vida también estaba en riesgo y que Dios contaba con ella.

Puedo decir que en mi larga vivencia actuando junto al ministerio infantil y sobre todo sirviendo al cuerpo de Cristo, siempre valoré la experiencia de otros obreros, que me hizo crecer más fuerte para enfrentar los grandes obstáculos por delante; dar oídos a los consejos me ayudó muchísimo.

Cada vez que medito en la historia de la reina Ester aprendo algo nuevo. Veo una mujer que mismo siendo reina, demostró increíble humildad para recibir consejería y utilizó bien su poder e influencia, convocando a todos para orar y buscar a Dios, que es una de las principales características de un buen líder espiritual.

Fue por intermedio de la oración que Ester obtuvo su primera victoria, ella fue a encontrarse con el Rey de los reyes antes de irse al rey Asuero y así alcanzó la gracia que necesitaba. Vea:

> *"Y vino hasta delante de la puerta del rey; pues no era lícito pasar adentro de la puerta del rey con vestido de cilicio".*
>
> *Ester 4: 2*

Dios siempre tiene un escape para cualquier situación que estemos pasando en nuestro ministerio. Por eso, sea sabio, ore, ayune, medita en la Palabra, escucha un buen consejo, sea humilde y busca de Dios estrategia para hacer esta obra. Los desafíos y luchas vendrán, momentos en que vas a sentir el "mar agitado", pero el Señor jamás nos va a desamparar.

Recibiendo fuerza en la Palabra

Una cosa que he aprendido fue que debemos leer la Biblia en nuestros momentos de silencio, porque hace muy bien para nuestra alma. No se trata de tentar adecuar la Biblia a aquello que pensamos, sino permitir que el Señor nos enseñe y revele sus verdades, pues apenas la verdad es capaz de libertar (Véase Juan 8:32).

Es muy importante que el profesor tenga cuidado cuando estudia la Biblia, no apenas lea versículos aislados, estudie todo el texto, toda la historia, busca, pesquisa, haga un curso de teología, busca perfeccionarse en el ministerio y sobre todo permita que la Palabra de Dios lo confronte, inspire y transforme.

Sobre este asunto vale decir que debemos tener cautela para que el conocimiento de las Escrituras no nos conduzca a la soberbia. Tome cuidado para no pasar a sentirse más sabios que los demás. Dios no se complace en los orgullosos. Vea:

> *"...Dios resiste a los soberbios, y da gracia a los humildes".*
>
> *Santiago 4:6b*

Dios está siempre atento a un corazón humilde que desea aprender más de su Palabra y como dice el versículo que leemos concede su gracia y capacitación no apenas para el ministerio como para la vida, para vencer los desafíos que se nos presentan diariamente.

Desenfocando los Problemas

Es impresionante que cuanto más enfoquemos, hablamos y pensemos en nuestros problemas, más grandes ellos se tornan para nosotros. Problemas tienen esta capacidad de crecer cuando receben lugar de destaque en nuestras vidas a punto de convertirse en un grande gigante que no sabemos cómo enfrentar.

Cuando pienso en gigante, de pronto me viene a la mente la historia de David. Aquel joven no consideró el tamaño del gigante, pero confió que Dios era mucho más grande que aquel gigante que estaba a su frente. Vea:

> *"Entonces habló David a los que estaban junto a él, diciendo: ¿Qué harán al hombre que venciere a este filisteo, y quitare el oprobio de Israel? Porque ¿quién es este filisteo incircunciso, para que provoque a los escuadrones del Dios viviente?"*

> *1 Samuel 17:26*

Cuanto más conocemos a Dios y lo hacemos centro de nuestras vidas, menores se tornan nuestros problemas y más fuerza tenemos para enfrentarlos. El coraje para hacer frente a los obstáculos es fruto de una vida centrada en Dios y no en los problemas.

¿Usted desea un ministerio bendecido? ¿Necesita más sabiduría para lidiar con las dificultades? ¿Estrategias de trabajo? Busque tener un momento de silencio con Dios por la mañana o en las madrugadas. No hay nada más eficiente.

Esta práctica de vida va a ayudarlo a dejar de dar "gloria" a satanás. Parece raro, pero hay muchos cristianos "glorificando" las obras del diablo, engrandeciendo sus hechos, como si el Dios a quien servimos no fuera capaz de aniquilarlo con tan solo una palabra.

Enfoque en Dios, dale la gloria y esto lo hará fuerte y seguro. Salga hoy mismo de este lugar limitante para ver las situaciones del punto de vista de Dios y verá que Él puede hacer en su vida y ministerio.

Disfrutando de la Verdadera Riqueza

¿A quién no le gustaría un anillo con piedras preciosas? Quién no se sentiría sorprendido en recibir un regalo así, ¿verdad? Sinceramente me encanta este tipo de joya y siempre que las veo, comento a mi esposo sobre el deseo de un día poder tener algo así. La verdad es que no sé cuándo lo tendré, pero sé que usted y yo tenemos el más grande y precioso tesoro que hay en la tierra.

A este tesoro llamamos Palabra de Dios, una fuente inagotable de riqueza, ella es como un cofre lleno de tesoros ocultos que se nos revelan cada vez que la abrimos y aquel que desea ser realmente próspero necesita conocerla y dejarse conocer por ella.

No menosprecie lo que Dios habla a su corazón en sus momentos a solas con Él, siempre marque aquello que leíste y registra en un cuaderno, estas revelaciones son como joyas de incomparable valor y lo ayudarán a vencer los desafíos y pruebas que aparecerán en su vida y ministerio.

En mis momentos de lucha, muchas veces me sentí una persona sin valor algún en lo que hacía, mismo estando siempre allí trabajando para en Señor y obedeciendo a su llamado, sentía que los que estaban cerca de mí buscaban intimidarme, que me llevaba a un sentimiento de tristeza y angustia.

Yo empecé dando clases de escuela bíblica dominical desde jovencita como auxiliar de la profesora de la iglesia que congregaba, así fue hasta el día que ella me indicó para ser la titular de aquella pequeña clase de tres alumnos. Yo acepte inmediatamente el desafío y me veía muy contenta por poder hacer aquello que creía Dios esperaba de mí.

Entonces, empecé a leer la Biblia en mis momentos devocionales y pedirle estrategias a Dios y Él empezó a dármelas y la clase empezó a florecer. De tan solo tres alumnos pasamos a treinta niños. Estaba radiante, pues el ayuno, la oración y las visitas estaban dando resultados.

Todo iba a mil, hasta que en una mañana mientras yo enseñaba me llamó la misma profesora diciéndome que necesitaba hablarme sobre la clase. No sabía exactamente que esperar, pero en suma me dije que ya no podría estar frente a la clase pues era muy joven y no tenía capacidad en lidiar con tantas responsabilidades.

En aquel momento sentí una angustia y una tristeza tan grandes, no entendía la razón de aquel preconcepto, ni como después de todo esfuerzo y dedicación me dijeron que no era capaz. Estaba arrasada, pero no dije ni una sola palabra a aquella profesora que antes me indicara para asumir la clase, creyendo que Dios me llamara.

Descubriendo su Valor para Dios

Yo era muy joven, pero Dios me dio madurez para hacer frente a aquella situación. No hablé nada a nadie, apenas guardé dentro de mi corazón aquellas palabras y oré. Lo primero que oré fue por mí mismo, lloré mucho pues era lo que amaba hacer para Dios.

No piense que por me haber callado fue fácil superarlo, no obstante, con el pasar del tiempo Dios me fue mostrando que aquellas experiencias dolorosas eran parte del camino y que me valieran de experiencia. Aprendí que Dios es lo único que no nos decepciona y que fuimos llamados por Él y para Él, por eso podemos vencer los obstáculos y salir de ellos fortalecidos.

Por eso, mi consejo es que usted jamás olvide quien es el verdadero dueño de la obra, Él llama, sostiene y capacita, solamente pegados a Él seremos capaces de hacer su voluntad, solamente por su gracia venceremos los problemas que muchas veces nos desalientan en el ministerio.

Pasado un tiempo nos mudamos de estado y fui vivir en otra ciudad y allí Dios dio continuidad a su propósito en mi vida a favor de su obra, pues las promesas de Dios son eternas y nada ni nadie puede impedir lo que Dios quiere hacer en nosotros y por nuestro intermedio.

> *"Porque mis pensamientos no son vuestros pensamientos, ni vuestros caminos mis caminos, dijo Jehová. Como son más altos los cielos que la tierra, así son mis caminos más altos que vuestros caminos, y mis pensamientos más que vuestros pensamientos".*
>
> *Isaías 55:8,9*

Los pensamientos de Dios son mucho más grandes que los nuestros y Él sabe que aquello que pasamos hoy tendrá un grande valor adelante. Además, Dios me hizo recordar que Él mismo jamás hizo cualquier mal a quien quiere que sea, y mismo así, padeció horriblemente.

Jesucristo amó hasta el fin y así nosotros debemos amar. Perdonar es esencial en la vida de todo cristiano, jamás guarde rencor de nadie, tan solo avanza, perdona y permita a Dios que lo haga cada día más parecido con Él.

> *"Haya, pues, en vosotros este sentir que hubo también en Cristo Jesús, el cual, siendo en forma de Dios, no estimó el ser igual a Dios como cosa*

a que aferrarse, sino que se despojó a sí mismo, tomando forma de siervo, hecho semejante a los hombres; y estando en la condición de hombre, se humilló a sí mismo, haciéndose obediente hasta la muerte, y muerte de cruz."

Filipenses 2:5-8

Conclusión

Vimos en estas páginas cuán grande amor tiene el Señor por sus niños y de qué manera nosotros, los adultos, sea en la función de padres, profesores, familiares o miembros del ministerio infantil, podemos cuidarlos y llevarlos a Dios.

Vimos también que los niños no solamente son amados, como también llamados por Él para manifestar su Reino en la Tierra y podemos colaborar para que esto se haga posible, siendo una iglesia acogedora y que se interesa por el desarrollo de la fe en la infancia.

Que este libro pueda ter sido una gran bendición en su vida, animándolo a mirar los niños desde el punto de vista de Dios, además de despertar en su corazón un llamado para servirlos y enseñarlos en el camino del Señor.

Reciba fuerza, gracia y unción para ese noble ministerio y jamás olvide que Dios cuenta contigo.

¡Dios lo bendiga!